让孩子学会学习

Konkrete Strategien für Eltern
Mit Kindern lernen

[瑞士] 法比安·格罗利蒙德 (Fabian Grolimund) 著

王琳 译

机械工业出版社
CHINA MACHINE PRESS

Original title: Mit Kindern lernen by Fabian Grolimund Second Edition, Copyright © 2016 by Hogrefe AG; www.hogrefe.ch.

This edition is authorized for sale in the Chinese mainland excluding Hong Kong SAR, Macao SAR and Taiwan Unauthorized export of this edition is a violation of the Copyright Act. Violation of this Law is subject to Civil and Criminal Penalties.

本书由 Hogrefe AG 授权机械工业出版社在中国大陆地区（不包括香港、澳门特别行政区及台湾地区）销售。未经许可的出口，视为违反著作权法，将受法律制裁。

北京市版权局著作权合同登记　图字：01-2021-0618 号。

图书在版编目（CIP）数据

让孩子学会学习 /（瑞士）法比安·格罗利蒙德（Fabian Grolimund）著；王琳译 . — 北京：机械工业出版社，2021.10（2025.5重印）
ISBN 978-7-111-69749-7

Ⅰ. ①让⋯　Ⅱ. ①法⋯　②王⋯　Ⅲ. ①学习方法 - 家庭教育　Ⅳ. ①G791　②G78

中国版本图书馆CIP数据核字（2021）第248420号

机械工业出版社（北京市百万庄大街22号　邮政编码100037）
策划编辑：刘文蕾　丁　悦　　责任编辑：刘文蕾　丁　悦　张清宇
责任校对：王　莹　李　婷　　封面设计：吕凤英
责任印制：单爱军
保定市中画美凯印刷有限公司印刷

2025年5月第1版第2次印刷
145mm×210mm・7.5印张・119千字
标准书号：ISBN 978-7-111-69749-7
定价：59.80元

电话服务　　　　　　　　　　网络服务
客服电话：010-88361066　　　机 工 官 网：www.cmpbook.com
　　　　　010-88379833　　　机 工 官 博：weibo.com/cmp1952
　　　　　010-68326294　　　金 书 网：www.golden-book.com
封底无防伪标均为盗版　　　机工教育服务网：www.cmpedu.com

译者序

之所以翻译这本书,最初是因为它的主题吸引了我——让孩子学会学习。作为一个 10 岁男孩的妈妈,我也常常陷入和孩子之间的"战争",有情感冲突,有生活矛盾,当然最让我感到头疼的还是学习上的困惑。

这本书让我认识到,父母在孩子学习动机中所起到的至关重要的作用。孩子在学习上的吃力往往来自于他对这件事情的无能为力,因为这件事他可能会受到老师的批评、同学的嘲弄,甚至还要面对来自父母的失望情绪,这些都会带给他一种挫败感,让他陷入不想学习的恶性循环中。那么,作为这个世界上最爱他的父母,应该做些什么呢?

父母要和孩子站在一起,感受他的挫折,给他重新振作的勇气和信心。当然,这很不容易做到。孩子学习上的压力会在无形中转嫁到父母身上,父母会因为孩子的成绩感到羞愧，为他的未来感到焦虑，更会因为与其他优秀的孩子比较而对他更加苛责，而这一切都会加剧孩子在学习上的恶性循环。

所以，作者从实际的角度出发，让父母和孩子一起学习。父母不仅要用亲子关系来激励孩子，更要提供科学的学习方法，比如和孩子一起制订和完成学习计划，和孩子共同面对他在计算、阅读和书写等方面的学习困难并给予指导。

孩子需要管教，也需要鼓励和支持。这本书最重要的是告诉父母，要尊重孩子，要把他放在和自己一样平等的位置上，而这其中的关键就是尊重、欣赏，以及爱！

希望每位阅读此书的父母都能正确地使用自己的"权利"，也希望我们的孩子可以健康、快乐地成长！

特别感谢刘璐、彭万瑷、宋依可和朱辰，他们的参与使此次翻译工作得以完善。另外，在翻译过程中难免有不当之处，希望读者朋友们多多批评指正。

王琳

前言

亲爱的父母，也许你在家给孩子辅导作业时会感到沮丧，觉得和他讨论的时间远远超过他写作业的时间。因为孩子不愿意写，或者说，他还不具备独立写作业的能力，所以你要一直坐在他的旁边，给予他帮助。

也许你会发现，或者有人告诉你，你的孩子在学校学习比较吃力。老师对你说，孩子很难集中注意力，或者总是要靠掰手指来数数。你也注意到了，和同龄的孩子相比，你的孩子阅读能力更差一些，或者在拼写方面存在一定的困难。

但你还是希望孩子在学校尽可能地度过一段愉快的时光。他可以在课堂上游刃有余，可以理解课堂的内容并获得成就感。那么，你就会问自己，是否应该帮助孩子？该怎样帮助他呢？什么是该做的，什么是不该做的？你也因此再次体会到做父母的不容易。

前言

我希望这本书可以帮助你找到这些问题的答案。书中会给你介绍一些简单好用的方法,通过这些方法,孩子的上述情况也会有所改善。

我并没有想把这本书写成一本特别的书,或者在书中提出一种创新的理论。同时,我也不想让这本书成为一本包罗万象的,可以解决孩子在学校所有问题的书。这些都不是我的初衷。这本书只是想告诉你,如何帮助你的孩子,以及克服他在写作业等学习方面的困难。为了实现这个目标,我在写作此书时遵循了三个原则:

我只告诉你一些在帮助孩子时需要了解的知识。
这些基础知识都尽可能简单并且具有操作性。
书中提到的方法是有效的,你可以和孩子一起来实践它。

虽然我想尽量说得简短些,但有些我认为非常重要的原则和方法,还是会在书中不断地提及。

亲爱的父母,请允许我给你提些建议。你先花 1~2 周的时间来掌握这本书的内容,然后带着这种新的动力,帮助孩子解决他的学习问题。但在此之前,你要和孩子好好放松一下,你要全身心地和孩子相处,和他做一些开心的事,同时你也要关注他喜欢做和做得好的事情。

我希望你在阅读这本书时能获得快乐,并在实践的过程中有所收获。

在撰写这本书时,我得到了很多人的支持和陪伴,我也想借此机会感谢他们。我的妻子玛雅·塞拉菲尼·格罗利蒙德（Maya Serafini-Grolimund），她用清晰的图示让这本书变得丰富多彩；我的商业伙伴诺拉·维尔克（Nora Völker），她花了很多时间和我讨论书中的内容和方法。最后，我还想感谢梅因拉德·佩雷斯（Meinrad Perrez）教授，感谢在他身边工作的那段美好时光，我也从他身上学到了很多。谢谢你们的帮助。

法比安·格罗利蒙德（Fabian Grolimund）

家庭作业：每日一战？

亲爱的父母，你还好吧？你是否也和近些年来参加我们"家长研讨会"的父母一样，把家庭作业看作一种日常的压力、冲突的主题和权力的斗争？这个问题总是"无法解决"，也总是要"不断地协商"，在孩子开始做作业之前，你和他总会有一场无休止的争论。为了改变这种状况，你知道应该做些什么吗？接下来，我会为你介绍一些产生这个问题的原因。虽然每个孩子、每个家庭的情况是不同的，但父母告诉我们的问题却非常相似。下面的这些问题在每次的"家长研讨会"中都会出现。

孩子的动机和斗争

很多孩子对做作业或准备考试这类事情并不感兴趣。一种比较简单的情况是，父母只需要不断地提醒、鼓励、说服或敦促，孩子最终还是可以完成这件事情。但一种比较复杂的情况是，有些孩子会有意识地逃避做作业和学习。当需要写作业时，他们会"忘记"这件必须要做的事情。他们拒绝写作业，他们用带有挑衅的语气来面对父母的要求，可能会与父母大吵大闹、尖叫，甚至无理取闹。

通过本书第一章的内容，你会知道，什么可以激励孩子，什么可以让他们失去做作业的动力，还有当孩子和你"斗争"时，你应该做何反应。

依赖感和不安全感

还有一些孩子，虽然愿意做作业，但并不能独立完成。他们会不断地要求父母一直陪在身边，而且很快就会变得不知所措。

第二章会教你一些方法，帮助你引导孩子一步一步地走向独立。

负担过重

当然还有一些孩子，很明显是不能胜任家庭作业和考试压力的。他们做不出数学题，因为他们之前就和别人在学习能力上存在差距；他们的阅读能力太差，以至于根本无法理解文章的意思；他们在拼写时有很多的错误，所以也不愿意做听写练习。

那么，在本书的最后两章中，你将会学习到如何检验孩子的成绩和水平。通过一些练习，你和孩子都会取得进步，并最终弥补之前的漏洞。

目　录

译者序
前言
家庭作业：每日一战？

01　鼓励孩子

是什么使孩子受挫，又是什么鼓励了他们？　002
父母如何影响孩子的学习动机？　011
孩子不愿意学习，我该如何反应？　063

02　让孩子逐步变得更加独立

父母态度的决定性　096
有针对性地表扬孩子的独立性和责任感　098
与孩子一起制订计划　099
为孩子的自助提供帮助　103

03 记忆和大脑

大脑是如何学习的？	111
学习的成效	115
优化记忆的建议	120

04 用简单的步骤来计算

计算困难是如何产生的？	136
漏洞分析：困难是从哪里开始的？	147
针对每种漏洞的练习	151

05 阅读和书写

困难产生的原因	190
发现并解决问题	196
对其他能力的训练	207

作者寄语	219
参考文献	221

MIT KINDERN LERNEN
KONKRETE STRATEGIEN FÜR ELTERN

是什么使孩子受挫,又是什么鼓励了他们?
父母如何影响孩子的学习动机?
孩子不愿意学习,我该如何反应?

鼓励孩子

01

01 鼓励孩子

是什么使孩子受挫,又是什么鼓励了他们?

为什么孩子要学习阅读、算术和书写?为什么他们要做作业?是什么在推动他们做这些事情?这种问题我们很少问自己。当我们在思考问题的答案时,也常常会从成年人的角度出发:孩子应该学习,因为他们被要求这么做;因为学习很重要;因为学习可以让孩子在今后的职业生涯中拥有更多的机会,比如,能够上一所好的职校或者大学,又或者因为我们的社会需要这些能力。但所有这些因素,都不是一个7岁孩子感兴趣的。

为什么一个孩子可以兴奋地学习阅读,而另一个孩子却还在这件事上绕弯路?为什么一个孩子放学后会立刻做作业,而另一个孩子却在父母的压力下被迫做功课?要回答这个问题并不容易。尽管如此,心理学家还是对孩子的行为进行了解读,并且对父母如何影响和鼓励孩子提供了建议,而这方面的成功也给该领域的工作带来了一些希望。

基本的需求和动机

一百多年来,心理学家都在试图探究,是什么激发了人们的上进心。而近几十年来的研究越来越清楚地表明，正是一些基本的需求在督促我们采取行动。1990 年，罗伯特·爱泼斯坦（Robert Epstein）基于其他心理学家的研究成果，提出了每个人都具备的四项基本心理需求。除了诸如饮食、睡眠、性欲和住所等生理需求之外，一些心理需求对我们的行为起着决定性作用。在这里，我将简要地介绍这些心理需求，并探讨它们是如何影响学习动机的。

近几十年来，在心理学研究中得到广泛关注的一个基本需求是，**我们与他人建立稳定关系的愿望**。从出生开始，孩子就表现出各种行为，就是为了与父母建立亲密的关系。长大后，这种社交需求的范围扩展到了更多的人：我们都积极地尝试与父母、伴侣、孩子、亲戚和朋友建立良好的关系。当我们意识到，某种特定行为会对我们与他人之间的关系产生积极的影响时，那将是令人愉快的经历。

除了建立稳定的关系之外，**我们还追求提升自己的能力和控制力**。我们希望能感受到自己的能力，并以自己的方式来塑造自己周边的环境，同时也能预测自身和周围的世界将会发生什么。而如果我们失去了控制力，就会感到沮丧、恼火，并且随着时间的流逝还会变得无助和郁闷。

此外，**我们还希望避免不愉快的事以及拥有愉快的体验**。我们想要感觉舒适，想发现令人兴奋或者有趣的事物，想获得诸如喜悦、愉快、放松的感觉，远离恐惧、压力和痛苦。

除了上述与高等动物共有的这三个需求之外，我们还有一个心理需求。据我所知，这是人类所独有的。即，**我们想要提**

升自我价值并且保护我们的自尊心。我们试图赢得他人的认可，想通过自己的工作和成绩获得尊重，同时也想避免他人对我们的贬低或蔑视。

这些需求都鼓励着我们采取行动，不断努力去满足这些需求，并避免与这些需求有所冲突的情况和行为发生。2004年，伯尔尼大学前心理学教授克拉斯·格拉维（Klaus Grawe）指出，我们在个人生活中所形成的目标，最终也是为满足这些心理需求。

每当我们做一些事情时，都会有意无意地去关注，通过自己的行为或者在这些事情中，我们是否可以成功地满足自己的心理需求，或者是否造成了相反的效果，即对这些需求的实现产生了威胁。随着经验的不断积累，我们可以预先估量，某种特定的行为或者某种情况是否有助于我们满足这些需求，还是会对需求的实现造成损害。当我们被鼓励后，就会表现出某种特定行为，去寻求或者回避这种情况。在这个过程中，相比于我们此前的经验和相关的体验，理性的因素只是起到了一小部分作用。

让我们设想一个情景：你被推荐在下周面向200名同事做一次工作报告，并从中获得一份可观的报酬。你只需要简单地考虑一下自己将如何应对。你是否会欢欣鼓舞并立刻接受？或者你是否会因此而变得烦躁和忐忑，并且产生一种感觉：这……可能不行吧？

很快你就会对这个提议做出判断，而且在很大程度上是无意识的。你会考虑，这件事是否是一个提升自我价值的机会

("我可以展示我知道的和能够做到的！")，或者它是否会对你的自尊心造成威胁（"到时候我肯定发不出声音！天呐，每个人都会盯着我！这太尴尬了！"）。也许你还会扪心自问，接受或拒绝这个机会将对你的人际关系造成什么影响（"如果我拒绝，我的老板肯定会感到失望。"）。你可能也会快速地评估自己在这件事上的把握，并得出负面或正面的评价。或许你会想："一周的时间不足以让我做好准备！要是我讲到一半忘词了怎么办？要是有人提出了批判性的问题怎么办？"或许你也会对自己说："如果我好好利用这个周末，那么用一周的时间来准备一场精彩的报告对我来说是没有问题的。我擅长做这个报告，毕竟我完全了解这个主题。"最终，你可能也会考虑，这次经历对自己而言是否很有趣，主题是否吸引人，以及报告是否能愉快地进行，抑或整件事情只会给自己带来压力、紧张、焦虑和一个疲惫的周末。

所有这些有意识和无意识的判断，都是基于过去的经验和感受，以及对未来的假设，而最终会产生某种感觉以及一个设定的目标，例如：

"好的，我来做这个报告！"

或者：

"嗯，我必须好好考虑一下。"

又或者：

"什么事都可以，唯独这件事不行！"

针对第一种情况，你会产生这样的评估，即接受这次报告的行为会对大部分或者所有的心理需求产生积极影响，因此你欣然受邀；而针对最后一种情况，你会觉得，这次机会很大程度上会带来负面的影响：它可能会让你感到尴尬，而其他人也一定会对你拙劣的演讲感到失望，你会觉得对此自己无法做出充分的准备；或许你还会举棋不定，因为你可能会想到，老板和同事都期望你抓住这次机会，但你自己不确定是否能做好。这种情况下，你的动机是矛盾的：一方面愿意接受这个任务，而另一方面则想要逃避它。

需求、经验和动机

我们来观察一下，两个孩子和他们的妈妈在学习时的情况，同时也要思考一下，他们是如何经历这一切的：

丽娜上小学三年级，她从小就喜欢读书。几乎每天晚上，丽娜都和妈妈在床上一起看书。她们会轮流读《哈利·波特》，因为书里的内容太有趣了，所以有时她们会忘记时间，以至于丽娜经常会睡得很晚。但她的父母，甚至祖父母都为她的阅读能力而感到骄傲，丽娜总是会不断地得到他们的表扬。

马库斯和丽娜在同一个班，但他从开始学习阅读时就非常吃力。几周前，老师告诉马库斯的妈妈，马库斯只能通过更多的练习，才能改变他目前落后的状况。但这些练习对马库斯来说是很困难的。在开始做阅读习题之前，他总会和妈妈"讨价还价"半小时。如果妈妈纠正了他的错误，他还会生气，有时甚至还会表现得非常无礼。在学校里，当他被老师叫起来时，他也常常不知道要从哪里接着读。每当他读错时，班上其他的孩子就会忍不住笑起来。所以如果作业和阅读有关，那么马库斯一般都会保持沉默。

那么,在面对阅读时,丽娜和马库斯的体会是什么呢?而这种体会对他们的阅读动机来说又意味着什么呢?丽娜的经验可以总结如下:

阅读可以让我有机会沉浸在令人兴奋的故事中,它很有趣!

因为我读得好,所以可以得到表扬。我的父母和祖父母都为我感到自豪。读书让我的自身价值得到了提升!

当我读书时,我会和妈妈度过一段美好的时光。读书让我们的关系变得亲密!

我觉得自己变得越来越棒。阅读让我觉得自己很有能力。

所以对丽娜来说,阅读是一种正向的反馈,因为这件事情和本书之前提到的,人们的基本需求之间已经形成了一种良性的关系。

但对马库斯来说,情况就不同了。他的经验告诉他,阅读很"危险":

阅读太令人讨厌了。我读得太慢了,需要很多的时间来认识单词,所以我根本没法理解书中的内容!

当我阅读时,别人都在嘲笑我,这让我觉得自己是个失败者。读书伤害了我的自尊心。

当我阅读时,妈妈也会和我生气。她总是特别激动而且会对我失望。阅读影响了我和妈妈之间的关系。

无论我怎么努力，情况都没有好转。在阅读时我无法控制自己的情绪，而且会感到很无助。

所以，对马库斯来说，阅读损害了他所有的基本需求。他的经验、感受以及想法都在告诉他：远离阅读！

另外，对丽娜和马库斯的妈妈来说，情况也是不尽相同的。丽娜的妈妈会觉得和女儿一起阅读给她带来了快乐，让她们有了美妙的经历。在这当中，她感受到了当妈妈的幸福。而且，她的需求也会在一起阅读中得到满足。因此，她会轻松地进入这种状况，并期待着亲子阅读时刻的到来。

但马库斯的妈妈可能会和她的儿子一样，感到无助。她觉得，这些阅读练习对她与孩子的关系产生了负面影响，这让她感到不快乐。如果她不确定这些练习对马库斯来说是不是很重要，或者它们是否可以提高马库斯的阅读能力，那么她宁愿不去做这些练习。但现在她总是强迫自己这么做。在马库斯放学回家之前，她会变得紧张和不安。而距离和马库斯一起做阅读练习的时间越近，她的紧张感也会越强烈。

练 习

我的孩子在做作业和学习时会经历什么？

在探讨父母如何影响孩子的动机之前，我想建议你先做一个思考。请你想想，你的孩子在做作业和学习的过程中，一般会经历什么？你可以从普通家庭作业的角度来考虑，也可以考虑一下，如果是一门对孩子来说比较特别的，存在着问题的科目，那么他在做作业时又会经历些什么：

你的孩子在经历这些事情时，是觉得有趣还是感到不舒服？

在做作业或者学习的时候，你和孩子之间的关系是怎么样的？与其他情形相比，你们之间的关系发生了变化吗？

你的孩子会把作业看作一种对自我价值的肯定还是否定？在这其中，他会觉得自己获得了认可、得到了表扬并且以此为骄傲，还是会认为这是一种失败，他必须面对失望和批评？

在做作业和学习的过程中，你的孩子自控力怎么样？他是更多地认为自己可以接受这种挑战，还是这种挑战对他来说太难了，让他感到无助？

请你尝试填写表 1-1，并把自己当作孩子。你不要去想什么是好的，或者为什么你的孩子和应有的表现不一样，你只需要从孩子的角度出发去看待作业和学习。你要在这个表格中记录下，在做作业和学习的过程中，孩子的需求是受到了侵害，还是获得了满足。

表 1-1

孩子的需求是什么	孩子的体验是什么
1. 体验到愉快和乐趣 2. 想远离恐惧、压力和痛苦	
1. 与父母建立美好的关系 2. 避免争吵以及紧张的亲子关系	
1. 获得肯定和提升自我价值 2. 保护自尊心	
1. 提升能力和自控力 2. 避免无助的感觉	

需求和天赋

在做作业、阅读、算术和拼写的过程中,如果孩子的需求越能得到很好地满足,那么他就越会对这些事情感兴趣;如果他的需求在其中受到了侵害,那他就越想避免这类事情。而在做作业和学习过程中对孩子基本需求的满足很大程度上取决于他们的天赋。

丽娜在阅读方面拥有很高的天赋,所以她从一开始就有很好的阅读体验。她感受到了自己的能力,并很快得到了表扬。她能够读得又快又好,这使她更专注于阅读本身。她的妈妈也是比较轻松的。她可以帮助丽娜把这种积极的动力进一步加强,而且可以将阅读发展成两个人共同的爱好。

而马库斯从一开始就展现出了在阅读方面的弱势。他觉得自己的能力在不断地下降。他必须要面对别的孩子超过他,并且有时还会嘲笑他的状况。一旦他必须要阅读,这种委屈感和无助感就会不断上升,并最终让他觉得,课文和书本都是一种威胁。所以马库斯的妈妈也很不容易。如果她想在这种情况下获得成功,重新唤起马库斯做阅读练习的动力,她自己也必须要拥有出色的教育能力。

现在让我们回到这个问题,若想调动孩子的积极性,父母要做些什么呢?马库斯的妈妈要如何做,才可以使她的儿子不再逃避阅读,并将它当成一种积极的体验?

父母如何影响孩子的学习动机?

作为父母,你会对孩子的学习动机产生正面或者负面的影响。下面我给你一些具体的建议,使你可以用积极的方式将做作业、学习与孩子的需求联系起来。

控制力和动力的获得

我们都想摆脱无助的感觉。如果我们非常努力,但还是在不断地经历失败,那么我们就会失去做事情的动力。同时,这也会让我们产生反向的动力:今后尽量回避做此类事情。

许多孩子在面对家庭作业和学习的时候没有动力,因为他们认为这种情况是不可控的,而且在这件事情上他们也无能为力。对一个孩子来说,算术不好,阅读和书写也不好,就意味着他要不断地经历失败:跟不上课堂的内容,无法取得好的成绩,让父母失望并且时常要忍受其他孩子的嘲笑和戏弄。这样一来,每门科目的作业都是一种折磨。随着时间的推移,可以看到这样的父母和孩子会经常陷入一个恶性循环之中(参见

Dieter Betz & Helga Breuninger，1998）。

孩子在一门科目上的困难会让他和父母都付出更多的努力——他们会在练习上付出更多的精力，投入更多的时间。用这种方式有时可以解决问题，但有时却不能，甚至会引发恶性循环。当这些努力没有成效，即孩子已经做了额外的练习但还是失败时，就会引发孩子或者父母的负面情绪。而这种沮丧、失望、责备和自责的情绪最后会发展成害怕和无助，使人们产生消极想法，可能会用下面的话表达出来："这个我永远都学不会""我根本就不会书写""我在数学上太笨了""你付出的努力太少了"，甚至是"我是个失败者"和"你根本就不够努力"。

这种恶性循环的表现如图 1-1 所示。

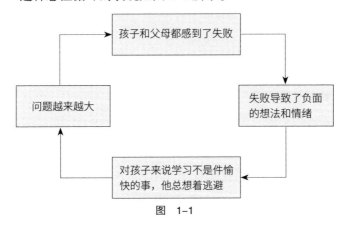

图 1-1

当孩子处于这种恶性循环中时，他总会有这样的感觉："和这门我并不擅长的科目打交道，我会失去控制力，我会觉得自己很无能，而且变得很迷茫。"作为成年人，我们有时无法理解孩子的这种感受，因为我们建立生活的基础，是发挥自己的强项，避开自己的弱项。

当我们周围的人不断地向我们解释某事，但我们仍然无法理解时，就是一种非常糟糕的感受。比如，其他人都因为一个笑话而哈哈大笑，但作为唯一一个没有理解笑点的人，我会感到不舒服，甚至觉得自己有些傻。再比如，当老板给我们布置了一项新的任务，我们却从他的眼神和说话方式里感受到了他的不耐烦，因为他觉得我们应该早就明白时，我们会觉得很不舒服。如果我们每天都感觉自己在工作中受到了压力，我们很可能会重新找一份工作。

可孩子是不能换工作的。他必须继续上学，继续面对那门他并不擅长的科目，但他会努力避免与这门科目有关的所有事情。比如，他会忘记学校布置的作业或者勉强去做；他会变得磨磨蹭蹭，不停地起身，喝点东西，上个厕所或者向往窗外看。每一件对学习造成干扰的事情，他都很喜欢去做。所以，在这时帮助他回到学习中来是非常必要的。

父母希望孩子多做练习，而孩子希望逃避这些练习，因为之前有不好的体验。这样在两者之间就会产生一种"权力的斗争"，通常双方都会失败。这种斗争的一般性结果是，经过一段时间的反抗，孩子被说服了，开始学习，但实际上他并没有真正地投入。最后是问题变得越来越严重，失败的经历也越来越多。

随着时间的推移，有些孩子会真的变懒，而且对很多事情漠不关心。他们会觉得数学让自己看起来很"愚蠢"，并且不重要，他们对不好的成绩也无动于衷。但作为父母，你千万不要觉得，孩子本身就是这样的。孩子可以接受在一些不重要和"愚蠢"的事情上表现得糟糕，因为这样可以保护他们的自尊心。一旦他们取得进步，这种态度自然就会消失。

这本书的目的是帮助你和孩子避免陷入或者打破这种恶性循环，如果你已经身处其中，那么消极动力存在的时间越长，打破这种循环就越困难。所以当第一个困难出现时，要进行早期的干预。问题持续越久，人们就需要付出越多的耐心和毅力，才能把它带到一个积极的发展轨道上来。但尽管如此，糟糕的情况还是有办法改善的。

为了让孩子摆脱这种恶性循环，或者不陷入恶性循环，他必须认为自己是有能力的。下面的体验也许会帮助到他：

我可以完成作业并取得进步。
我的努力取得了成功。
我可以应对失败。
我在做作业和在家学习时有发言权。

使孩子取得成功和进步

成功会告诉我们，"我是可以的""我取得了进步""我的努力和所做的练习是值得的"。成功会带给我们快乐，让我们感到骄傲，提升我们的自信，让我们愿意为之努力并展现出最好的一面。成功改变了我们的思维和态度，而且会带来进一步的成功。俗语说：没有什么比成功更能带来成功了。

所以核心问题是,你的孩子要在做作业和学习的过程中体会到成功。如果他有一些正面的感受,如开心和自信,那么就会增加他做这件事的概率,并激发他重新面对自己不擅长的科目,并由此产生做作业的动力。我们可以设想一个新的循环方案来取代之前提到的恶性循环(见图1-2)。

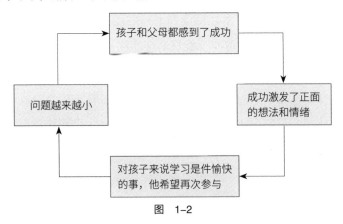

图 1-2

如果你的孩子在某门科目上成绩比较差,那么你如何让他感受到成功就是问题的关键。下面的一些原则和方法将会帮助到你。

练习时,考虑孩子的成绩水平和学习能力

如果我们学习一种乐器,就会从手指练习和简单的曲子开始,然后再慢慢地提高。如果我们学习网球,就会一遍遍地练习个人击球,然后再和与我们水平相当的对手一起打球。而公司里的职员也是一开始做些简单的事情,然后随着能力的提升再接手更复杂的工作。

学校的学习也遵循这种循序渐进的方法。数学课会从简单的计算开始，然后才过渡到复杂的计算，因此简单的计算是前提条件。如果孩子没有掌握十以内的加法，那就不会理解笔算加法⊖；如果孩子没有掌握笔算加法，那就不会解答乘法运算。因此学校会先教孩子学习简单的加法。唯一的问题是，当大多数孩子已经掌握了算术、阅读和书写的能力时，学校的学习就会继续进行（而不会等待少数没学会的孩子），但这里指的是大多数孩子，并不是所有孩子。

在学校里，学习是在课堂上进行的。尽管学校会为成绩较差的孩子开设补习班，但对每个孩子进行个性化辅导是不可能的，而这对那些学习有困难的孩子来说是很有必要的。作为父母，你可以在孩子遇到困难时提供这类帮助。为了让你的帮助行之有效，你必须做到：

找出困扰孩子的第一个问题出现在哪里。
知道有效解决这个问题的方法。

当孩子在学习中遇到困难时，父母向后退一步或几步，通常来说是非常必要的。要从孩子最初放弃的，或者从他开始就不理解的地方入手。一旦知道孩子的第一个问题出现在哪里，并且知道要如何补救，那么取得进步或者获得成功就会成为可能。尽管这些进步和成功不会从学校的成绩中直接体现出来，

⊖ 这里指中国的竖式加法。——译者注

但孩子会感觉到，自己是进步的，他也会变得开心，并重新获得勇气。

在本章中你会学习到，如何发现孩子在某门科目中存在的问题，并通过合适的练习来解决这些问题。接下来我们继续看看，那些可以提升孩子控制力和能力的方法。

告诉孩子，他的努力会有所收获

父母当然都希望，自己的孩子在学校里表现优秀。但问题是，过高的期望会影响孩子的学习动力。研究表明，父母对孩子抱有较高的期望是件好事，但是这种期望必须建立在孩子当前成绩的基础上。很多研究也证明，当父母将孩子的成绩与他之前的成绩，而不是与班里其他同学的成绩相比较时，孩子的积极性就会提高，他的表现也会变得更好。在心理学中，这种比较被称为"与个体参照标准相比较"（参见 Rheinberg，2002）。如果这种比较在班级里进行，那么就是人们所说的"社会参照标准"。对于成绩相对较差的孩子来说，和自己之前的成绩相比较是非常重要的，因为他们可以在这个参照标准上有所提高。

让我们来更清楚地看一下这个问题。按照这两个参照标准，人们会产生什么样的判断，又会展现出怎样的效果。当一个人和之前的自己相比进步了，那么按照"个体参照标准"，他获得了一个好的成绩；当一个人和对照组里的其他人相比进步了，那么按照"社会参照标准"，他也获得了一个好的成绩。

让我们设想一个35岁的男子，X先生。他之前在生活中基本上不锻炼，虽然他一直想要减肥，而且不久以前还在抽烟，但最近他决定要锻炼了。于是,X 先生加入了一个田径俱乐部,每周训练两次。这个俱乐部的训练是从热身、伸展练习以及 20 分钟的跑步开始的。在第一次训练时,X 先生不停地咳嗽,感觉自己要把肺咳出来了。五分钟之后在其他人都已经进行下一项时,他却从跑变成了走。但在一周之后的第三次训练中,X 先生的咳嗽明显比之前少了,甚至可以在完成剩下的路程之前,多跑一圈。

假如 X 先生遇到了一个注重成绩的教练 A,教练 A 希望在下一场比赛中看到自己的队伍取得胜利。那么,教练 A 会对 X 先生说什么?或许会告诉 X 先生,和别人比他太慢了,也可能会跑到他旁边,对他说:

快点儿,再快一点儿!
这是跑步训练,不是走路训练!
加油,其他人很快就领先你一圈了!
你就是因为抽烟(才这么慢的)!
再振作一点儿!
你感到刺痛是正常的,你只要接着一直跑下去,专注呼吸。

教练 A 也可能只是用眼神表现出对 X 先生的不满,会要求他增加训练量,并和他讨论比赛、团队成绩以及超越极限的必要性。

那么,X 先生会对这种训练做何反应呢?最大的可能是,训练持续 2~3 个星期,就结束了。教练 A 可能会很高兴,"那家伙终于意识到这儿根本不适合他",而且会觉得自己的想法得到了证实,因为自己很早就看出了 X 先生"缺乏必要的协调性"。

而教练 B 则恰恰相反。他会先问这个新来的训练者,以前是否做过田径运动,或者之前是否经常运动。教练 B 会了解到,X 先生并非如此,他加入俱乐部只是想让自己更加健康,他希望能减肥,并让他在吸烟多年之后还能保持身材。

当教练 B 看到 X 先生在跑步时咳嗽,会跑到他的旁边告诉他,诸如:

稍微跑慢一点儿,如果你在一开始就用力过猛,是不好的,这会让你失去跑步的乐趣。

不用管从你身边跑过去的人,他们已经跑了很多年了。你按照自己的节奏跑步就好。

非常棒。注意你的呼吸。如果你还可以很好地用鼻子呼吸,那就再跑快一点儿。

你还可以在跑步的中途停下来走一走。如果你觉得自己恢复了,再接着继续跑。

教练A会观察X先生并记录他微小的变化。同样是在第三周,X先生还是远远地跟不上其他人,但是对他来说更重要的是,教练B看到了他的进步,并且会过来告诉他:

是的,你的呼吸调整得非常好,我今天一次都没有听到你的咳嗽。

你知道吗？在第一次训练时你只能坚持两圈，但现在能坚持四圈了。

和刚开始相比，你现在跑得更轻盈、更流畅了。这样对关节也更好。

你是不是也觉得，现在更轻松了？

那么在这种训练中，X先生又会是什么感觉呢？这些反馈会对他的动力产生什么样的影响呢？和这样一个关注他的个人成绩，逐步对他提出要求，并指出他进步的教练在一起，X先生会取得什么样的成绩？当X先生只专注于自身的进步，并且感受到了通过自己的努力可以获得进步时，会对他坚持跑下去产生什么样的动力呢？

如果我们相信研究结果，还有我们的直觉，就可以知道，X先生在跑步的时候不仅会变得更加快乐，而且会对自己的成绩更加有信心。事实上他也会比在教练A那里取得更好的成绩，因为教练A总是不断地将他与别人相比较。

对参考标准的研究表明（参见Krampen，1987；Lüdke & Köller，2002；Rheinberg & Krug，1998），成绩较差的学生可以从和"个体参照标准"的对比中获益。而对那些相信可以通过自身努力变得优秀的好学生来说，"社会参照标准"可以激发他们的动力。这同样适用于队伍里面跑步最好的运动员，他们一定可以从教练A那里获益，并从比赛、竞争以及对手的成绩中获得激励。

因此，如果你想培养孩子对成功的自信，让他愿意付出努力并且成绩有所提高，那么应该这样做：孩子在哪门科目中成绩最差，你就按照"个体参照标准"对他进行反馈。这类反馈如下所示：

和上一次比，你的大小写拼写错误已经减少了很多。
和7有关的乘法练习，你可以做得更好了！
我觉得你上次太棒了，为了功课付出了那么多努力——我希望你这次继续保持。

在我的记忆中有这样一位老师，他就是采用这种方式，成功地激励了包括差生在内的所有学生来一同参与学习。那些成绩不及格，在一门或所有科目学习中都非常吃力的学生，会听到以下评论：

你为这次考试付出了很多努力，继续保持！
你从来都没有把"das"和"dass"混淆过⊖，这太棒了！在下一次考试时，你要更多地留意大小写。
你这一课的单词学得非常好！如果你对动词的原形，还有完形时态更加关注，那么你就可以避免更多的错误。我可以给你一些关于这部分的练习题。

⊖ das在德语中表示中性，也可以指"这个"，而dass是德语中的从句连词。——译者注

01　鼓励孩子

当然，对那些不努力的学生，他在考试后也会对他们进行批评：

你这次表现不够好。我知道，如果投入更多的精力，你可以做得更好。我希望你可以更加努力。

学生由此会认识到，老师是在关注他们，他知道每个人的状况，以及是否有所改变。好学生并不会因为自己的成绩而停下脚步，坏学生也不会觉得自己被贴上了标签。因此学生都会付出努力，因为他们知道，通过努力取得进步可以赢得别人的认可和表扬。

练　习

对孩子进行个人评估

你要考虑一下，在"个体参照标准"的反馈中，哪些对孩子来说是最为重要的：

你的孩子在某门科目的学习上存在困难吗？如果在这门科目上对他进行个人评估[一]，那他会从中受益吗？

你的孩子是不是不能长时间地集中注意力？如果你在这个方面记录

[一]　即采取"个体参照标准"。——译者注

一下孩子的微小变化并及时向孩子反馈他的进步，他会在学习中更加专注吗？

你的孩子在独立学习方面有困难吗？如果让他意识到自己在这一方面的细微进步，是一件有意义的事吗？

请在这里写下，你希望在哪个方面对孩子采用"个体参照标准"来进行评估：

_____
_____
_____

在指导孩子做作业和学习之前，请思考一下你所关注的变化和进步是怎样的，以及你如何把这些信息反馈给孩子。

将成功和失败都归结于努力

一个人在成功或失败后的感受，以及他如何处理这个结果，很大程度上取决于他将结果归结于什么原因（参见 Heider, 1958; Weiner u.a.1971）。如果我们遭遇了失败，比如数学作业得了一个不好的分数，那么按照韦纳（Weiner）和他同事的说法，这是因为外部或内部的原因，不变或变化的原因。我们来简单看一下这些解释。

内部、不变的原因：
我就是太笨了。
我在数学方面没有天赋。

内部、变化的原因：

我不够努力，我学到的东西太少了。

我在上课时注意力不集中。

我在学习方面努力得太晚了。

外部、不变的原因：

这位老师解释得太糟糕了，所以很明显，我压根就听不懂。

外部、变化的原因：

太糟糕了，我犯了一些愚蠢和粗心的错误。

这个考试太难了，所有人的分数都不高。

那么，这些不同的解释会对我们准备下一次数学考试的动力和意愿产生什么影响呢？实际上，**我们的感受取决于我们如何解释成功和失败**。对各种不同的原因和解释的研究，为我们提供了一些重要的线索。

如果我们将成功的原因归结于自身的能力，我们会非常高兴。而一旦我们失败，就会很快失去学习的动力，因为我们会认为，这是源于自己没有足够的天赋（参见 Heckhausen，1978；Meyer，1973）。很多研究表明，将那些应对挑战、充满自信和追求成功的人，与那些对成绩抱有焦虑、不够自信的人对比后发现，这两类人对自己成功和失败的解释截然不同。对成功充满自信的人在选择任务时，会倾向于更现实的、具有挑战性的任务，所以当他们获得成功时，就会将原因归结于自己的努力和才华。而当他们失败时，会认为是自己不够努力，或者运气不好。而那些焦虑、信心不足、在面对困难时很快放弃的人，则呈现出一种相反的模式。他们更喜欢选择容易的任务，或者特别难的任务，这样很容易达成目标，或者一旦失败，也不会显得太过尴尬。如果成功，他们也会把原因归结于外部的因素，比如考试题太简单或者自己比较有运气。而如果失败，则恰恰相反，他们会认为自己缺乏一定的能力（参见Heckhausen，1972；1975）。

对成绩焦虑的学生来说，后一种模式会让他们在主观上经历更多的失败，并对自信造成负面影响。他们会低估自己的能力和可能性（"我真的太笨了""我肯定做不到"），并高估作业的难度（"这个我完成不了""这是一座'大山'，没有人能把所有的都学会"），以及失败所带来的负面情绪（"所有人都会嘲笑我""所有人都会知道我有多笨"）。当他们认为这种状况自己无法把控时，他们会尽力地去避免，或者在焦虑中忍耐。

孩子如何处理成功和失败，在很大程度上取决于父母为他们树立了怎样的榜样，即父母如何面对成功和失败。而这其中，父母在成功或者失败时所发表的看似不起眼的结论，却起着重要的作用。

人们研究了当妈妈通过反馈告诉孩子，成绩的取得主要和天赋有关时，会发生什么。在这种情况下，六个月后，孩子就不愿意再参与一项新的任务了。相反，另外一些妈妈努力让孩子知道，成功和失败都与努力有关。同时她们也会向孩子展示这样的价值观，当遇到困难时，她们可以激发孩子自我努力的能力和意愿（参见 Pomeranz, Grolnik & Price, 2005; Pomeranz, Ng & Wang, 2006）。

因此，作为父母，如果你不断地向孩子灌输，他的成绩与努力密切相关，将会对孩子非常有帮助。如果你根据"个体参照标准"来评估孩子的成绩，那会收到更好的效果。

而那些可能会对孩子产生不好的影响，并让他不愿意再努力的评论如下：

> 在我们家，每个人学习数学都很吃力——我以前也是这样。
> 你哥哥更擅长算术，而你更擅长阅读和书写。
> 书写不是你的强项。
> 这个我们昨天已经做过了，你的记性就像鱼一样差！
> 你写作不是很好，但你的计算能力很强。

这种反馈还包括，孩子在旁边听到你和别人说关于他的事情。比如："她算术不好——她完全没有理解。""他按照他的想法写，而且根本记不住笔画。学校的心理老师给他做了测试——他有阅读障碍。"

所以，即使孩子在某一门科目上确实有弱点，你也要把他的成绩，至少部分归因于他的努力：

> 嘿，已经好太多了。真棒，你这么努力！
> 我知道你在阅读方面很吃力，但更重要的是，我们要做更多的练

习。如果我们坚持下去，你会变得更好。

如果我们每天练习十分钟的乘法表，你肯定会变得更好。我们只需要更努力。

你努力的样子，太棒了！

我知道，你会因为不好的成绩而感到失望。我们再看一遍试卷吧？或许我们可以知道，你下次要怎样更好地准备？

正如卡罗尔·德韦克（Carole Dweck，2007）在她的著作《自我形象》（*Selbstbild*）中所说，对成功和失败的解释是否"真实"，实际上并不重要。因为随着时间的推移，这两种解释都会变得真实。那些认为自己的成绩主要取决于自己努力的人，会形成更好的学习和工作方法，他们会做更多的尝试，从成功和失败中吸取教训，并形成一个"动态"的自我认识，或者说自我形象。他们相信："我通过努力可以学习任何事物，也可以变成自己想成为的人。"他们愿意付出努力，而且可以经常体验到，付出的努力是值得的。

而相反，那些认为天赋和才能是关键性因素的人则害怕失败。因为失败会证明他们并不是那么"有天赋"和"有才华"。基于这个原因，他们会回避挑战，而更愿意去做一些他们认为肯定可以成功的事情。例如，那些有着"静态"的自我认识的孩子会非常看中智力和天赋，当他们在学习中遇到了几次失败之后，就不愿意再努力了。这个自我形象的建立也证明了，这些孩子并没有感受到，通过更多的努力可以提升自己的能力。

练 习

提供有用的反馈

如果你把孩子的成功归结于他的努力和自身能力，并在他失败的时候告诉他，这种状况是可以通过不断的努力来改善的，那么他会愿意更加努力，并由此形成一个积极的自我认识。特别是对一个学习上有困难的孩子来说，这一点显得尤为重要。例如，孩子在阅读、书写或者算术上有问题，那么他一定要知道，借助练习是非常重要的。孩子在失败时，要相信一切都会好起来，他需要父母看到他为成功所做的努力，即便这个成功是非常微小的。

请你考虑下面的问题，你对孩子的成功和失败是如何反应的：
当孩子完成他的任务或还没有完成任务时，你的表现是什么？
你对孩子的好成绩和坏成绩分别有什么反应？

请写下这几天里你对孩子的反应，并思考：
你是否可以更清楚地向孩子表达，他获得了成功。
你是否告诉了孩子，人们要从失败中吸取教训，在下一次行事时要更聪明和更努力。
如果孩子能更明显地感觉到，通过努力和失败的经验，人们是可以获得成功的，那么他就会激发出更强的能力和控制力。

让孩子一起参与

控制力也取决于参与的权利。为了让孩子体验到一种控制权，我们需要准备好，等孩子到了一定的年纪，给他下放越来越多的权利。孩子也应该在他可以负责的事务上，获得一定的参与权和控制权。

如果父母控制得太多，孩子就不能拓展他的能力。如果父母控制得太少，孩子就会不知所措。所以有一种可能，你可以试试将控制权交给孩子。

比如，施泰纳女士几乎每天都和女儿讨论家庭作业该如何开始。她曾在一本辅导书上读到，孩子在放学后最好休息半小时，然后再去做家庭作业。但她的女儿对此却有着不同的看法，她想在晚饭之前就做作业。因此，我们在咨询中建议她们达成一项协议：在两周之内做一个实验，并用"合约"的形式固定下来。

合约的签订让萨布丽娜（施泰纳女士的女儿）明白，因为这个新的自由她必须要承担更多的责任。妈妈也可能因为这是一场实验，而变得更加轻松，她的注意力只放在萨布丽娜是否遵守了协议即可。如果萨布丽娜没有遵守协议，表明她还没有准备好去承担责任，那么这件事的控制权就会重新回到妈妈的手里，而且她会更加严格地控制。在我看来，孩子不用总是一直遵守这个规则，而是遵守这个规则的绝大部分。因为坦率地讲，我们成年人又有多少次规定自己将在第×天或周末完成某事，却没有遵守呢？所以，我们可以期望孩子遵守规则和承诺，但不能要求他们比我们还要更守规矩。

01　鼓励孩子

> **合　约**
>
> 1. 在接下来的两周内，我来决定自己在什么时候做作业。妈妈不会对此发表意见，也不会对我提出要求。
> 2. 我要负责的是，在晚饭前把作业很好地完成。我也会为此留出足够的时间。
> 3. 如果我五天中的四天，都做到了在晚饭前很好地完成了作业，那么合约就会再延长两周。
> 4. 如果这两周内，我超过两次在晚饭前没有做完作业，妈妈就可以决定我什么时候做作业。
>
> 签名处　萨布丽娜：＿＿＿＿＿＿＿＿＿＿＿＿＿＿＿＿
> 签名处　施泰纳：＿＿＿＿＿＿＿＿＿＿＿＿＿＿＿＿

除了做作业的时间之外，孩子还可以参与决定，希望在哪里做作业或者希望得到什么样的支持。

练　习

交出控制权

你可以想想，在哪些地方可以把更多的控制权和责任交给孩子。请你找到一个领域，并和孩子一起讨论，他是否准备好或者愿意在这个领域内承担更多的责任。比如：

你觉得从现在开始，你可以独立收拾自己的书包吗？

你总是说你在自己的房间里不能好好学习。那这周你想不想试试在家里的其他地方学习，看看情况会不会变得好一些？

当我每次让你结束游戏去做阅读练习时,你总是非常生气。但我不确定,如果我不叫你,你是不是自己就能去学习。我们试试怎么样?我在一周内都不叫你,当你准备好了,就来和我说。

作为父母,你还可以考虑一下,如果孩子要承担责任,他是否需要你的帮助:

为了防止你在收拾书包时忘了东西,要不我们一起先来列个清单?

我需要在放学后提醒你必须要做阅读练习吗?或者我在你玩游戏时设个闹钟,让它来提醒你?

总　结

控制权和对自己能力的感知对我们来说非常重要。孩子也希望和成年人一样,能感受到自己的能力。他希望通过自己的努力有所作为、获得成功,他希望能够和父母一起思考并共同参与。

作为父母,如果你做到以下几点,就可以在上述方面帮助到孩子:

根据孩子的成绩水平来调整任务的难度。

通过"个体参照标准"来评估孩子,并告诉他,他是可以取得进步的。

在孩子成功和失败的时候,要给他一些反馈,让他明白通过自己的努力,成功是可以实现的,失败也是可能发生的,要从中吸取教训。

逐步给孩子转交更多的控制权和责任。

除此以外，你还可以给孩子介绍一些有效的学习方法，以提高他的学习能力。关于这方面的内容，请参阅第二章和第三章。

除了对能力和控制权的需求之外，你还需要熟悉孩子更多的基本需求。接下来你会看到，孩子对于他人的认可以及对自我价值的需求。它们都与做作业和学习有着积极的关系。

展现出你的认可

我们对于他人的认可和对自我价值的需求，很大程度上会影响我们的表现。我们在很多情况下都非常努力，是因为想得到他人的认可和赞赏，给他们留下深刻的印象，或者我们自己想为此感到骄傲和自豪。同时，我们也希望能够避免那些让自己感到羞愧或者让他人感到失望的情况发生。

如果你能够在孩子学习或者给你展示作业时，为他的成果感到高兴，为他的进步感到骄傲；当孩子遇到困难时，他不会感到羞愧，而是知道自己可以寻求你的帮助——你就是成功的父母，并且也会收获良多。

表扬你的孩子

当你的孩子取得进步时，请表扬他。要不断地向孩子展示，他能参与练习是一件特别好的事，他取得成果时，你是多么地骄傲。很多父母都觉得这个很难做到。有些人害怕这样做会宠坏了孩子，另一些人则认为，只有获得很好的成绩才能赢得表扬。但实际上，孩子在学校遇到的困难越多，就越依赖于他自豪和获得认可的时刻。一个学习上有困难的孩子每天都会因为新的知识而感到沮丧，他需要通过大量的表扬和鼓励来弥补这种沮丧的情绪，因此不要担心表扬会宠坏孩子，只是要注意表扬和鼓励的方式。

你是怎样表扬孩子的？在他遇到困难时，你是怎么鼓励他的？我想，你肯定能一下子想起很多。在我们的研讨会上，很多父母用下面的话来鼓励他们的孩子：

很好！

你已经很快了。

继续保持！

对的！

你越变越好了！

是的。

我真的很喜欢和你一起学习。

你能做出这样的努力，真是太好了！

这比上周真是好多了。

太棒了！

你读得很流利。

哇！你一次都没有把"dass"和"das"搞混。

和 5 有关的练习你做得很快啊！

啊，对的，是 49。你比我快多了！

你在过去的 5 分钟里特别专注，这太好了。

你又一次尝试了，真棒！

01　鼓励孩子

你已经两天没在做家庭作业时发脾气了,我为你感到骄傲。
你很守时啊!
我们到现在为止已经完成了好几项,今天就到此为止吧。

你也可以用自己的行动向孩子表达你对他的满意,以及对这次练习的满意:

摸摸他的头发。
经常看向他。
把他抱在怀里。
调皮地向他眨眨眼。
把手放在他的肩膀上。
对他微笑。
给他一个充满爱的眼神。
当他算出正确的答案时,给他点点头。

你需要注意,当孩子愿意去做那些对他来说有困难的科目作业,并且没有发牢骚和抱怨时,他是如何表现的。在一件并不感兴趣的事情上,人们需要更多的纪律性。每个人都知道,尝试去坚持完成一件自己并不感兴趣的事情,实际上是非常困难的。我在每天慢跑 15 分钟这件事情上,就从来没有坚持超过三周。所以,即便孩子表现得不够好,你还是需要告诉他,你为他的参与而感到骄傲。

同时还要注意,你对孩子的表扬要基于他的努力和积极参与,而不能仅仅是因为好成绩。如果孩子只是因为好成绩和好的考试结果而受到表扬,那么随着时间的推移,他就会对考试产生焦虑(参见 Schnabel,1998)。孩子会认为,好成绩是获得表扬的关键,如果他不能把好成绩带回家,就得不到表扬。但事实上,你只能影响考试结果而不能控制考试结果。以下行动会帮助孩子正确评价自我价值:

你要不断向孩子表达,你有多喜欢他。这种情感个是通过成绩或"表现好"来赢得的。

你要花时间与孩子共度美好时光。

你要让孩子明白,只要他付出努力就会有所作为。

当孩子取得好成绩时,你可以和他一起高兴,但不要让他以为,你把好成绩看作生活中最重要的事。

如果孩子的成绩不好,你要告诉他,不要把失败当成悲惨的事,要鼓励他。成绩差对孩子来说已经很糟糕了,父母的失望在此时也并不能激励他。

你要指出孩子的长处,并且让它们变得更加突出。

也许这些提示对你来说是理所当然的——我会感到很高兴。但如果你并没有这样做,那么我想鼓励你,改正自己在这方面的行为。因为通过这些方法,你的孩子会变得更优秀。

让孩子的进步变得显而易见

当孩子可以看到自己的进步时,他们会感到自豪。当进步变得显而易见时,它会激发孩子产生更多进步的动力。

你可以思考，如何让孩子更好地看到自己的进步。比如，你和孩子最近在一起练习有关"十以内的加减法"的简单运算，你们可以约定每个周日晚上做一个小测试，在十分钟内孩子要做出相关的算术题。你可以把孩子在规定时间内所做出的正确答案的数量总结起来，在一张纸上记下来并用曲线连接起来，使得它整体上看上去像股价报表一样（见图1-3）。你也可以用孩子拼写正确的单词数或读对的单词数来创建类似的统计图表。

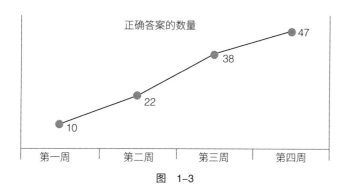

图 1-3

有些孩子喜欢用一个漂亮的电脑表格来表示，而另一些孩子则喜欢自己画一个漂亮的图表。如果这样做了，孩子会更喜欢超越自己。为了能让周日的成绩变得更好看，他们会在这一周内努力地学习。

还有一些孩子喜欢把他们计算或阅读的过程记录在录像带或者录音带上，并且在几周或者几个月后用这些记录来展示自己的进步。也许你的孩子喜欢在书架上对读过的书做个标记，以表示自己已经读过多少本书了。

争取老师对你计划的支持

老师是孩子身边最重要的人之一。来自老师的真诚赞美对他们来说,比金子还珍贵。你可以告诉孩子的老师,你正在和孩子一起努力,并请老师关注孩子(细微)的进步。孩子知道:老师的表扬是认真的并且是重要的,老师可以更好地评判他们。在这种情况下,好成绩变得并没有那么重要了。当孩子的努力得到了老师的重视,当他们的进步得到了老师的认可,他们就已经很高兴了。

一位妈妈告诉我们,有一天,她的孩子非常激动,一路小跑回家。这个孩子的成绩总是不及格,虽然这次考试他只提高了八分,但老师在试卷上贴了一个便利贴,并在上面写道:"太棒了,你这么努力!"

在别人面前积极地谈论你的孩子

有些孩子可能不太愿意接受面对面的表扬。所以如果你在别人面前表扬他们,可能会产生一定的效果。当孩子听到你在电话里对他的奶奶说:"是的,他每天睡前读15分钟的书。我觉得他进步了……我真的很高兴……是的,我为他感到骄傲。"他会感到十分高兴。

或者在你购物时碰到了一个熟人,你的孩子也十分愿意听到你说:"马丁过去也一样。他以前数学不好,但现在情况好多了。他做作业时非常努力,他做得真的很好!"

01　鼓励孩子

总　结

你的孩子在做作业和学习的过程中越是因为自己的努力和进步获得更多的表扬和认可，就会越愿意参与其中。当他不认为学习和成绩会对他的自我价值造成威胁时，就不会感到沮丧、失望和羞愧，也就不会担心和逃避学习。

作为父母，你可以这样做：

公开地表达你的赞许。

让孩子的进步变得显而易见。

当孩子在努力时，不要吝啬对他的赞赏和表扬。

向你的孩子表明，你会对他的失败冷静地反应，并且你认为失败意味着有改进的机会。

在别人面前充满欣赏地谈论你的孩子，而不是贬低他。

练　习

表现出你的认可

在这个练习里，我想请你回想一下，在不同的领域，你对获得认可或提升自我价值的渴望有多么强烈。而你今天面对或回避一件事情，是否与你之前在同样的事情上所得到的骄傲或所遭遇的羞愧有关。当你被要求在朋友或熟人圈子里做下面的事，或者大家只是一起度过一个"有趣"的夜晚，你会作何反应：

把所有的计算卡片都算一遍。

大声地朗读文章。

参加一个小型听写比赛或者拼写那些难写的单词。

唱一首歌。

跳一支舞。

表演一段体操。

当你面对这些事情时,会先想起哪段记忆?是开心和骄傲的时刻,还是羞愧和尴尬的场景?它们的影响有多大,对你今天的行为产生了什么影响?另外,你也可以回想一下,当你成功或失败的时候,或者当你付出很大努力的时候,你的父母会有哪些反应?哪些反应在你今天看来是正确的,哪些是毫无裨益的?

除了对能力和控制权的需求、对他人认可和自我价值的需求之外,稳定和良好的亲子关系对孩子来说也是一项核心的基本需求。在孩子做作业和学习的过程中,你可以通过积极的方式来建立这种关系,从而提升孩子的学习动力,反之则会减少这种动力。

用亲子关系来激励孩子

和孩子关系最密切的是父母,如果父母能在孩子的学习方面有积极的表现,就会激发孩子的学习动力。孩子小学阶段的学习在很大程度上是因为他们想被老师和父母喜欢。相反,如果在学习过程中孩子和父母之间的关系变得糟糕,他们就会认为学习是一种威胁,并想从中逃离。

拍摄父母与孩子交流的情形,并观察其中的差别,在一对一咨询中是非常有用的。这些视频中经常会出现一种明显的差异,而这种差异取决于父母与孩子谈论的内容是关于学校的,还是其他的。我经常会看到这样的场景,在第一次会面中,父母热情地谈论着自己的孩子,亲切地看着他们,非常温暖地对他们微笑,孩子也报以相同的反应。可以看出,孩子和父母之间的关系非常融洽。但当谈话内容转到与学校、学习相关时,父母和孩子之间的关系就会在一瞬间发生变化。父母和孩子都变得不一样了:

他们会翻白眼。
他们会变得冷漠和疏远。
他们会相互辩论和辩解。
他们会相互指责、责备。
他们会变得紧张。
他们会相互批评,并表现出愤怒。
他们的身体会往后靠,或者手势更加激烈。

在第一次会面中,我们通常会谈论到"动力"这个话题。这些父母想知道,孩子为什么没有学习的动力,并且表现得非常固执。这里我们会提到一些理论和可能存在的原因。如果父母和孩子能够利用一分钟的时间,看一看他们在讨论爱好和讨论学校时的对话视频，将是非常有效的。如果在看视频的过程中关闭音量，只观察一些肢体语言，那么效果则更为明显。

　　一些研究人员和心理学家通过拍摄这些视频，观察孩子在学习和做作业时父母的状态，或者通过和父母交流，得出了以下的结论：父母在孩子做作业和学习时的表现对孩子的行为、学习动力和努力意愿都会产生很大的影响。当孩子在做作业时感到了压力过大，会不可避免地表现出一种消极的情绪，这也会让父母感受沮丧、愤怒和紧张。相反，父母设法保持一种积极的气氛，可以帮助孩子减少无助感，并给予他们安全感。孩子也会因此认识到，学校的问题不会对自己与父母之间的关系产生消极影响，从而更加沉着和自信地面对这些问题（更多相关信息参见 Fuligni，Yip & Tseng，2002；Hokoda & Fincham，1995；Jansen & Streit，2006；Pomeranz，Wang & Ng，2005）。

　　孩子遇到的困难越多，父母就越难保持一种积极和有信心的状态。在这种情况下，父母要保持原有的状态是非常重要的。但这并不意味着，你要容忍孩子的所有行为，让他们为所欲为。在下一小节中我们将讨论，当你的孩子反应过激或者你们总是陷入一种无休止的争论中时，你应该如何反应。

　　父母与孩子保持良好的关系是激励孩子的前提条件，只有这样，父母的表扬和认可才会对孩子产生效果。当然，这种关系也会在其他层面上发生效应。

营造愉悦的氛围

　　你可以通过创造一个愉快的环境来增加孩子的学习动力。

一个舒适的读书角可以吸引他去阅读，晚上的朗读可以唤起他对书本的兴趣，一本装订精美的日记本或者一个笔友可以激发他的写作兴趣。研究表明，父母通过这种间接的方式，可以帮助孩子在学业上获得成功（参见 Pomerantz，Moorman & Litwack，2007）。

如果你在孩子做作业和学习的过程中，展现出一些用以表达你对他喜爱的手势，就可以把孩子的学习动力和需求联系起来。许多孩子喜欢在做作业的时候被照顾，享受父母不时地询问"一切是否顺利"，希望父母给他们带些小零食并且表现出对作业的兴趣。年纪更小的孩子大多数喜欢在做作业的时候，父母轻轻地抚摸他们的头发，或者把手放在他们的肩膀上。

比如对我来说，有人和我在同一个房间里就特别重要。我自己在房间里完全做不了作业——我感觉自己被隔离了。当我在厨房里做作业时，我的妈妈在旁边做饭；当我在客厅里学习时，我的妈妈在旁边熨衣服，爸爸在批改学生的作业。在这种情况下，我感觉做作业简单多了。而且这种情况一直持续到现在：我经常会在咖啡馆、火车上，或者在我妻子画画的客厅里工作——独自在大学的办公室里工作会让我无法集中注意力，几分钟之后我就会失去继续工作的兴趣。

很多孩子认为在父母身边做作业很重要。在很多情况下，父母并不需要真的参与到孩子做作业的过程中，只需要在同一个房间做自己的事情就可以了。这样做能够培养孩子的归属感，并使他们有一个好心情来做作业。而对很多孩子来说，身边的噪声有安抚作用而不会使他们的注意力分散。如果孩子总喜欢在做作业时问一些无关紧要的问题，那么父母坐在旁边，全神贯注地做自己的工作，就会对孩子产生一种积极的影响。父母要告诉孩子，自己需要专注于自己的工作，到最后才可以停下来，以解答孩子提出的问题。

告诉孩子，你对他有信心

他人对我们自身能力的信任可以极大地激励我们，让我们以此来对抗痛苦的经历。我的商业伙伴——诺拉·维尔克（Nora Völker），患有读写困难症，这让她在小学的学习阶段困难重重。尽管她非常努力，但听写总是出错，听写的成绩也非常差。如果今天有人问她，在那段艰难的时光里她认为什么最重要，她会说："是我的父母从来没有对我失去过信心。"

我总是遇到这样的成年人，他会告诉我，自己曾经遇到了困难，而且为此失去了信心，之后他遇到了一个好老师，这个老师非常相信他，从而帮助他从困难中走了出来。

研究证明，父母对开发孩子潜能的期望不仅会影响他们的幸福感，而且还会影响他们的表现。一项长期的研究表明，那些受到父母信任的孩子，会在9个月后表现出更好的能力，取得更好的成就；相比老师的信任，父母的作用似乎更大些（有关这个主题的更多内容参见 Pomerantz, Grolnick & Price, 2005; Jodl, 2001）。

当孩子和父母在一起学习时，做完作业后孩子会看看父母的脸色。而父母在这个时候的点头微笑或者表现出生气的样子，都会决定孩子今后是会喜欢学习，还是会尽可能地去避免学习。

父母可以通过亲子关系对孩子的学习产生很大的影响。如果你借助肯定、表扬，在他做错时给予鼓励、指出他的进步，并告诉他，如何正确地解决问题或拼写单词等，就会唤起孩子的学习积极性。而这些感受也将随着时间的推移与学习更强烈地联系在一起。

当然，孩子反抗和拒绝时，你会觉得做到这一点很难。在"孩子不愿意参与，我该如何反应？"一节中，你会找到如何处理这种问题的具体策略。

让我们再看一看，如何满足孩子的最后一个需求——对愉快体验的需求。

给孩子提供愉快的体验

如果孩子在某门科目的学习上存在困难，那么额外的练习就是必要的。大多数情况下，每天做10~15分钟的练习是很有用的，它可以填补孩子在这门科目上的空白，并且帮助他学习到新技能。如果事先能和父母签订一个"正式合约"，那么孩子会更认真地对待这些练习，也愿意在规定的时间里完成练习，而且不产生抱怨。同时，合约里规定的小奖励也会让练习变得更加有趣。

和孩子签订一个合约

如果你想和孩子签订一个合约，那么你需要考虑以下几个问题：

合约的最终目的是什么？

为了实现合约中的目标，父母和孩子要做些什么？具体怎么做？

何时学习？学习多久？合约什么时候到期？

怎么样奖励孩子的努力？

当然，所有的参与者都要在合约上签字。

奖励可以显著提高孩子的积极性，但应该谨慎使用。奖励要"省着点用"，在任何情况下都不应该让孩子产生这样的期待：只要自己做了学校要求的事，就会得到奖励。完成作业和为考试进行准备都属于孩子的职责，因此不应该得到额外的奖励。但因为学习上的困难和现存的差距，孩子可能需要在接下来的日子里投入额外的时间和精力，而他们在这部分的努力，你可以通过小的奖励来表示鼓励。

这些奖励不应该只是一些物质的东西，如零钱和玩具等，也可以是一些有意义的事情。比如，一个孩子想要得到一个乐高城堡，而他虽然有拼写障碍，但愿意在暑假期间每天完成一页纸的练习题以换取这个礼物。他的父母接受了这个条件，提前计算出了乐高积木的块数，并按练习的天数把它们分成很多份。每天只要孩子做了一页练习题，就给他相应的乐高积木。暑假结束时，这个乐高城堡也搭建起来了。这样，孩子的努力就"肉眼可见"。这个孩子的父母告诉我，孩子为这座城堡感到非常自豪，他会告诉来家里的所有亲戚，他之前每天为建造这个城堡所做的努力。

01　鼓励孩子

你也可以经常给予孩子一些小的奖励，或者让孩子一起参与娱乐休闲活动，这些都是非常有意义的。孩子更愿意参与这个话题的讨论，并且能帮助父母找到那些对自己来说更有激励作用的奖励。有些孩子喜欢每天有一点小奖励，有些孩子则喜欢把奖励存起来，到周末换一个更大的奖励。我们从实践中看看这些例子，从而帮助你找到一个适合自己的奖励：

在做练习的那一天，我可以晚睡十分钟。（这是孩子最喜欢的奖励）

如果我好好学习，就可以和妈妈一起玩我喜欢的游戏。

爸爸可以在睡觉前给我读一会儿书。

我可以多看十分钟电视。

如果一周中的前四天孩子都努力学习了，那么周末他就可以：

天黑后和爸爸带着手电筒在森林里散步。

去动物园。

和爸爸踢足球。

和妈妈做手工艺品。

吃顿大餐。

观看一部动画电影。

和朋友一起在花园的帐篷里过夜。

玩游戏时"耍赖"。

与家人一起去河边或湖边烧烤。

孩子学习结束后，父母直接兑现这些奖励会非常有效。如果你的孩子更喜欢在一周结束时获得更大的奖励，那么，我建议你在他学习结束后，给他一张"积分券"，这样他以后就可以用"积分券"来兑换更大的奖励。

需要注意的是，父母不能从孩子那里拿走积分。比如，他在一周之内只获得了三分，不能得到奖励，但他可以把这些积分攒到下一周。而且按照我们的经验，孩子不会因为只差一分，就把这周的奖励推迟到下一周，他们更愿意在周末增加额外的练习来获得最终的奖励。

另外，你要把合约挂在显眼的地方来提醒孩子。你要认真对待合约，并严格遵守合约的规定。没有例外（比如，让孩子睡得更晚一些），也不能因为发生了合约中没有规定的事情而取消奖励（比如，按照合约孩子是可以晚睡的，但因为他和妹妹吵架了，这项奖励就要被取消）。合约必须可信，才能发挥作用。

我想再次强调，孩子应该清楚地知道，奖励和合约只适用于额外的练习。因为孩子会被合约和奖励激励，所以有的时候，父母会把这个奖励范围扩展到家庭作业或者其他情况上。当然，有的时候孩子也会建议父母这么做。但这个范围一旦被扩大，孩子就只会在有奖励的情况下做事，这样当父母想要取消奖励时，就不那么容易了。

在下一页你会看到一份合约的范例：

01　鼓励孩子

> **合　约**
>
> **我的目标**
> 　　我，弗洛里安，想要能够快速和准确地做加法运算。
>
> **为了这个目标我要做些什么呢？**
> 　　除了周二和周日，我每天要都和妈妈一起练习 10 分钟。
> 　　在午饭后的半小时我将开始做练习。我要自己看着时间，到点就会去房间里练习。如果我忘记，妈妈就会来叫我，但我不会因此发脾气。
>
> **我能得到什么？**
> 　　如果我可以很好地配合，在和妈妈做练习的 10 分钟之内不发脾气，那么当天我就可以晚睡 10 分钟。
>
> 签名处　弗洛里安：_____
> 签名处　玛蒂娜：_____

案例分析

乔治不喜欢阅读

为了回顾本章的重要论点，我会在最后做一个案例分析，指出本章中介绍的原则和方法。如果你觉得自己已经很好地理解了相关内容，并且知道如何去贯彻实施，那么你就可以跳过这部分内容了。案例分析通常是与父母的一些谈话，它们会简化成为每章必不可少的一部分内容。

第一次会面

法比安·格罗利蒙德（以下简称德）：早上好，西伯女士。

西伯夫人（以下简称西）：早上好，格罗利蒙德先生。

德：您请坐。您已经在电话里告诉我了，您的儿子乔治在阅读方面有些困难。

西：是的，乔治今年夏天上三年级。两周前，我参加了家长会，乔治的老师伯杰先生告诉我，乔治在阅读方面的问题非常严重，即使是留级也很危险。

德：这很出乎您的意料，对吗？

西：是的，我知道乔治在这方面有些困难，但是我想，这个问题总是常见的吧……

德：您是不是不能很准确地估计出一个三年级孩子的阅读能力呢？

西：是的，是这样的。之前老师说过，乔治需要在阅读方面增加更多的练习，因为他错过了很多课程……

德：他错过了很多课程？

西：是的，乔治在上学的头两年经常生病，有时甚至要请假好几周。虽然现在他的身体逐渐恢复了，但那段时间缺的课还是让他存在一些知识上的漏洞。

德：如果头两年的学习是非常基础的，同时孩子学习阅读时需要大量的练习，那么我完全可以想象到乔治现在的状况。

西：是的，伯杰先生还提到，乔治在学校经常缺课，尤其是在做阅读练习的时候。

德：那么他从阅读练习中就更难获益了。

西：我也是这样想的，而且他可能也不能很好地集中注意力。

德：也许是这样的。那些阅读练习要求怎么做呢？

西：是学生们按顺序朗读，一个人大声地朗读，其他人小声地跟读。在这种情况下，乔治就不能集中注意力。当轮到他的时候，经常是他的同桌告诉他，现在大家读到了哪里。

德：一般来说，在我们全神贯注地投入游戏之前，都会先停顿一下。

按顺序朗读也是如此，一个人大声地朗读，其他人小声地跟读，而乔治读的速度比其他人慢得多……

西：您认为，他只是单纯地跟不上其他人阅读的速度，所以脱离了阅读的顺序，最后导致他注意力不集中？

德：很可能是这样的。当乔治终于跟上了阅读的速度，但他不知道接下来要读什么的时候，您觉得他会怎么样？

西：嗯，以我对他的了解，他会相当尴尬。上周，乔治还告诉我，伯杰先生经常在他没有注意的时候提醒他，这让他觉得很讨厌。

德：他的老师希望他能多阅读，更加专注，所以总是提醒他，这反而让乔治觉得是一种刁难或骚扰？

西：是的，这让他心情烦躁。

德：乔治阅读时还有什么体会？他有时会说些和阅读相关的事吗？

西：他讨厌一切与阅读有关的事。有时他还说，他就是学不会阅读。做阅读作业总是我和他之间矛盾的焦点。上周他还说，如果轮到他阅读了，别人经常会嘲笑他。

德：那就是对他来说，消极的情绪都和阅读有关，他感到无助，也觉得自己是学不会阅读的？我们来简单地总结一下目前我们所了解到的情况。乔治在最初的两个学年里经常生病，所以他很少做阅读练习。相比于其他同学，他阅读的速度要更慢一些，质量也更差一些。因为在学校的阅读练习中他掉队了，所以他心理上也想放弃了，这样和同学相比，他做的练习就更少了。那么在学校轮到他朗读时，他会感到很难受、很尴尬，因为他不知道读到哪里了，或者会受到同学的嘲笑。

西：这是一个恶性循环。因为乔治目前关于阅读的练习做得太少了，所以他读得就比别人慢。因为练习得少，所以和其他同学相比他就更差了，而这让他感到尴尬。这些问题都让他不喜欢阅读。他越想回避阅读，和同学之间的差距就会变得越大。

德：是的，尤其是当我们看到，喜欢阅读的孩子在这个年龄段已经开始在课余时间看漫画书或读《哈利·波特》了，而乔治却回避了这一切。可想而知，他们之间的差距会越变越大。让我们把这个恶性循环的图简单地画出来。（说到这里，我和西伯女士一起画了一幅乔治不喜欢阅读的恶性循环图）

西：嗯，我认为，这些因素之间是相关的。用这种方式看就清楚多了，但是看起来也更糟糕了。

德：这个图告诉我们可以从哪里开始补救。

西：这些差距是应该可以补救的吧？

德：那是当然了，但"导致失败的环境"这个因素则更加关键。

西：是环境影响了他的动力吗？

德：是的，没有人喜欢面对不断失败的事，所以，选择逃避是非常自然的。更何况，当我们感到自己没有机会改善这种状况时，这种感觉会更加强烈。

西：那么，我们必须要关注乔治在阅读上的感受吗？

德：是的，同时您也要对他在阅读中很多正面的感受给予关注。阅读练习当然会轮到乔治，但是我们必须要考虑，如何尽可能地激发他的阅读动力。到目前为止，我们已经大体上谈论了关于乔治的阅读问题，现在我想和您探讨一下，您和他一起阅读时的具体情况，了解这些对后续阅读练习计划的制订是很有帮助的。您能给我描述一下，比如，当他要做一个关于阅读的作业时，具体情况是怎样的吗？

西：好的。有的时候其实进展很顺利，尤其是下午他不用去学校的时候，我们会在饭后大约一个小时开始。我们俩通常都心情愉快，乔治想着尽快结束，这样他就会有一个悠闲的下午。但比较困难的是，如果乔治下午去上学了，他就很疲惫，无法集中注意力，也会很快变得烦躁起来。

德：那就是说，如果他下午不上课，情况会好很多。这点非常重要。这样，我们可以把这些天的练习提前计划一下。您提到了，他会烦躁，那么具体是怎样的呢？在这之前又发生了什么呢？

西：主要是我纠正他的时候。有的时候，他一句话里会犯 5~6 个错误，我会不断地纠正他，这让他很生气。他会说，我应该让他安静地阅读。但是我必须要纠正，不是吗？难道让他这样错误地读下去吗？

德：当他在阅读时读不了一个完整的句子，而且不断地被打断，您这样的做法的确会影响他的阅读动力。我认为有两个选择。第一个选择，我们可以注意，尽可能地减少或纠正让乔治感到紧张的方式。我们可以问他，妈妈什么样的做法会让他紧张，以及怎么样可以尽量少地去干扰他。例如，一位妈妈就感到十分惊讶，她的儿子说，在他犯错误时妈妈会轻轻地瞥他一眼，这令他非常生气，但这位妈妈却完全没有注意到。另一个孩子与他的妈妈约定，如果他说错了，妈妈暂时什么话也不要说，而只是做一个短暂的手势。许多孩子更喜欢父母只是给他们身体上的暗示，比如把手短暂地放在他们胳膊上或者大腿上，这样可以给他们时间，让他们自己纠正错误。

西：好的，我可以问一下他。可能是我做的一些事让他烦躁了。那第二个选择呢？

德：嗯。第二个选择是尽量减少纠正。比如，你可以在乔治完全读错一个单词，以至于让人完全无法理解其中的意思时再去纠正他。

西：这个选择我喜欢。如果我不打断他，他有时会读出一些句子或者一个段落。

德：好的，我记下这点。那么，现在我们再来看看乔治失去耐心的情况。接下来会发生什么，您的反应是怎样的？

西：我总是能成功地安抚他。有的时候，他真的很生气，我会让他先玩 10 分钟，然后再继续阅读。

德：您会坚持让他完成家庭作业吗？

西：是的，我不想让他学会利用这种方式来达成他的意图。在短暂的休息之后，他还是要继续的。

德：这样他就不会认为，如果自己表现得足够生气，就可以摆脱这些烦人的家庭作业了。您的这种做法很好。

西：我也是这么想的。当他生气时，我知道如何和他相处。对我来说更重要的是，不要让情况变得更糟。我们已经讨论过一两个和这个问题相关的想法了。

德：是的，我们接下来要看看，如何将这些想法付诸实践以及如何取得成功。还有一个问题，当乔治读对了一个句子时，当他真的为之付出了努力或者没有抱怨时，您是如何反应的？

西：我没有太大的反应。也许我表扬得太少了，但我不想因为他只是读对了一个句子就给他念一首"赞美诗"。可能是我认为他读对句子是理所当然的。

德：如果我们站在乔治的角度，就会看到他付出了多少努力，以及他多么不情愿做这样的作业。也许更多的表扬对他来说是非常重要的，当然不一定要用赞美诗。

西：我在还是孩子的时候，就很少受到表扬。这对我来说有点难。

德：那么我们下一次再来讨论这个问题吧。这里涉及鼓励孩子时的动作和话语。另外，我们下周再考虑一下，如何设计乔治的阅读练习，而这些练习可以激发他的阅读动力。我可以把这个作为您的家庭作业吗？我们这周暂时不会开始这个练习。

西：好的，我要想一想，如何让我和乔治的阅读练习尽可能地在愉快的氛围中进行……

德：以及我们如何才能帮助乔治在阅读方面取得成功，好吗？

西：是的，我会记下来。下周见。

德：下周见。

评论

乔治的故事表明，阅读或其他学习问题的产生，并不总是与孩子的智力低下或某些能力（如语音意识方面）不足有关。那些看起来和学习能力毫不相关的情况或事情也有可能会对孩子的学习成绩产生负面的影响。例如，频繁生病；被迫搬家，孩子需要适应新的学校；父母离婚或者孩子对失败的害怕；等等。

由此可见，无论是出于什么原因，当孩子出现第一个学习问题时，就会接着出现很多问题，这种让问题越变越糟糕的恶性循环几乎总是一样的。孩子遇到失败并引发了诸如害怕、愤怒、羞耻或无助的负面情绪，自尊心受挫，从而导致他不喜欢某门科目，甚至学校。孩子试图逃避与这门科目有关的事情，但这种做法会进一步扩大他与其他人的差距，并使问题更加严峻。

对此，我们需要做一些事情。孩子经历的失败越少，我们就越容易并且更快地帮助到他。孩子需要的是一些具体的成功，这些成功会告诉他："嘿，我可以做到！如果我努力了，那我就能成功！"在我和西伯女士的第二次会面中，就谈到了具体应该怎么做。

第二次会面

德： 西伯女士，很高兴再次见到您。

西： 您好，我已经有了一些想法。

德： 太好了，那我们先坐下来。今天我们来聊聊我们的目标，有关阅读练习的，以及如何激发乔治的阅读动力。关于最后一点您已经有想法了吗？

西： 是的。主要是那本书让乔治产生了兴趣。大约在一年前，我们在电视上看到了《强盗的女儿——罗妮娅》这部电影，他很喜欢。

周一我去图书馆的时候,这本书刚好还在书架上。这本书写得很好,给人一种积极向上的感觉。而且您看一下,书中的插图也非常好。

德:这本书的内容并不难理解,这太好了。我们已经找了一本适合乔治阅读的书了。

西:还有一件事,乔治早就想要一辆遥控车了。为了这个目标,我们和他商议,他必须好好做 3~4 个月的阅读练习。我想问一下,我们这样用礼物诱导他,会不会有问题?

德:我觉得这是有问题的。物质奖励总是存在着一些风险,因为这些奖励很快就会成为孩子做事的主要动力。我认为,我们不必完全排除物质的奖励,但如果我们想最终让乔治喜欢上阅读,就必须特别地注意。我们希望,乔治喜欢阅读是因为他对故事本身产生了兴趣,而不是因为有奖励正在等着他。

西:那么这辆车还是等到圣诞节的时候再送?

德:是的。而且我认为,只要他读完这本书,您就可以送他这部电影的 DVD,作为一个惊喜而不是您之前承诺的奖励。当然,您也可以送这本书。

西:好的,到目前为止,我们还有这本书可以激励他,这真是一本令人开心的书。以我对他的了解,当他做阅读作业时,光有一本这样的书是不够的。虽然他不会经常抱怨,但他并不会从中获得快乐。遗憾的是,当他自己阅读这本书时,他很难理解其中的意思。

德:那就是说,他仍然有拼写和单词方面的问题,而且没有更多的能力来了解书的全部内容?

西:是的。所以说,即便这本书本身很有趣,它的作用也不是很大。但我还有一个主意。

德:哦,我非常好奇,您的主意是什么?

西：我让乔治自己读一页的五分之一，然后我读一整页给他听。您觉得如何呢？

德：我觉得太棒了！

西：真的？

德：是的。您可以足够快地理解故事的内容，让它保持原有的趣味性，乔治也能明白其中的含义。此外，乔治能在每次紧张的阅读之后享受一个轻松的听故事环节，这是每次阅读之后的直接奖励。除此之外，您通过朗读也可以激发他的好奇心，他会想知道这个故事将如何发展。

西：这真是个好主意。

德：是的，我一定会把这个方法推荐给其他父母的，谢谢。

西：您太客气了。所以，现在我们有一些选择——感兴趣的书，作为惊喜的 DVD，每次阅读结束后的朗读。这些都可以作为激励他的辅助手段。另外，我还会问下他的老师，乔治经常会犯哪些错误，是我应该特别关注的。这样在阅读时我可以减少对他的纠错。乔治在每个周四都有一篇阅读文章作为家庭作业，对此我已经问过他了，是不是我的纠错让他感到特别紧张。

德：太好了，他怎么说？

西：老实说，我没有料到，但实际上的确如此，他说，特别是当我有些生气的时候，我会说这样的话："你过来看看！这都是些什么？"

德：您有时也会失去耐心？

西：我之前完全没有注意到，但的确如此，尤其是我白天有很多事情要做的时候……

德：您会感到很疲惫，也想做一些其他的事情。让我们来看一下，我们是否可以将阅读练习推迟到那些您不太忙的日子里。

西：我们可以这样做，但家庭作业是一直都有的。

德：是的，这些我们必须要在这一天内完成。我们可以怎么做呢？

西：我可以在开始之前，检查一下自己的状态。如果我觉得压力太大，会推迟到晚饭后，或者我有意识地注意一下我纠正乔治错误的方式。

德：听起来不错……对了，我还记下了，我们要讨论关于表扬的话题。您说过，表扬对您来说有点难，是因为您在还是孩子的时候很少受到表扬？

西：是的，我很少得到表扬。只有当我真的完成了某些事情，比如，获得一个好的证书或学业结束时，才会得到父母的表扬。

德：为了某种特殊的成就是可以表扬的。但我想您需要给予乔治的，其实不是这种表扬，而是一个小的正向反馈以及鼓励的话语。

西：您具体是指？

德：就是在一些小细节上。比如，当他读对了一句话或者自己纠正了错误时，您就可以点点头，对他微笑，或者说："很好！""对了！""就是这样！"

西：哦，好的。这样的话我可以想象到，只是没有太多的想法。

德：那让我们一起列一个清单吧。

（这时，我和西伯女士起草了一份清单，它包含了尽可能用话语和动作来赞赏和鼓励乔治的方法）

西：这些我会一点点地练习，直到它们变得自然些。

德：是的，开始的时候我们会有意识地练习，但在某个时刻，它们就会变得自然而然。我们现在需要讨论的是，阅读练习应该多久进行一次，以及持续多长时间。

西：准确来说，除了周二和周四，我每天都有时间陪伴他，因为那两天我要工作，晚上实在太累了。而且那两天乔治在学校的时间也是最长的。

德：那么我认为，除了周二和周四，我们最好每一天都安排阅读练习。

西：周末也要吗？

德：是的，如果对你来说可行。经常练习会让学习的效果更好，而且实际上只会花很短的时间。如果阅读练习每天都在固定的时间内进行，并且持续 15~20 分钟，孩子的抵触情绪通常也会比较少。

西：我想说，如果没有必要复习的内容，您认为 15~20 分钟乔治可以完成阅读练习吗？

德：老实说，我不知道。先让乔治有读书的兴趣，帮助他做更多的练习并获取成功的经验，让他通过自己的努力来提高阅读能力，而这些努力对他来说是合理的，对我来说也是比较重要的。如果他今年不能升一级，您会觉得糟糕吗？

西：哦，我其实已经……我还没有完全考虑过这个问题。

德：我们正朝着这个方向努力，您是很清楚的。

西：是的。

德：嗯。

西：那我想，他是可以完成这些的。

德：那太好了。但是还存在一个我想回避的风险。我们来看一下这两种处理方式。一种是我们和乔治约定每周进行 5 次 15 分钟的阅读练习，这需要他额外的努力。为了提高他的阅读能力，我们要尽可能地激励他。即使他不能升级，我们也要为他的进步而感到高兴，给他所需要的时间。另一种是我们将为实现乔治的升级而努力，并刻意为此进行必要的练习。距离升级还有 4 个月的时间。您觉得这个目标如何？

西：嗯，我明白了，第二种方式可能会给您带来更多的压力。

德：是的，这意味着压力。对您，对我，也许还有乔治。

西：我想，他能感觉到的。

德：是的，因为第二种方式总会让我们有这样的想法："我们进展够快吗？我们能做到吗？"

西：我真的不想这样。但如果留级了，乔治将落后一年，那真的很令人失望。

德：他落后了一年？

西：如果您把这件事告诉孩子，他会感到沮丧。

德：嗯。那要是他通过努力，赢得了这一年呢？

西：赢得了这一年？我不太明白。

德：可能是我们在这件事上的看法有些不同。如果乔治留级了，但他在阅读方面仍然不断地努力，那进入新的班级反而会让他意识到："我和其他人一样好，甚至比其他人更好。我可以跟得上这个班。老师会看到，我是可以做到的……。

西：也就是说，他可以从中获得更多。

德：是的，这一年里我们有意识地增强他的自信。这样就会是收获的一年。

西：我还从来没这样想过，但我同意，我们达成协议。

德：如果这样做是对的，乔治可以不断地练习阅读，那么我们会为此感到高兴，这对他来说也是一个很好的体验。

西：我必须要说，我感到自己松了一口气。

德：那我们现在把流程写下来。我们甚至可以签订一份合约，由乔治和您来签的合约。

西：一份合约？听起来很奇怪，您说说看。

德：是这样的，我们和乔治约定，您会帮助他提高阅读能力。然后您郑重地和他签一份合约——许多孩子都喜欢父母认真地对待这些事情，像对待成年人一样对待他们。合约上必须写明目标是什么，乔治要为此做什么，他又会得到什么，何时以及如何进行练习，还有合约的有效日期。我给您举几个例子……

西：我理解您所说的。那么，如果我和他讨论这件事情，我最好要怎么做呢？

德：您可以在中午的时候告诉他，您想在晚饭后和他讨论一些重要的事情。例如，您可以问他："乔治，你想读得更好一些吗？"您觉得他会说"想"吗？

西：我觉得他会说"想"。如果他总感觉这些事情自己做不到，这对他来说也是一种糟糕的感受。

德：好的，那如果他会说"想"，您可以问问他，是否愿意投入一些时间。您也可以再问他，如果你们准时开始练习，或者他在练习时没有发脾气，那么他是否想因此得到一些非物质的奖励。比如，只是和您做一个游戏，或者晚睡 15 分钟。如果允许孩子在合约的拟订过程中拥有发言权，那么他会更严肃地对待这份合约。例如，您可以坚持每周练习 5 次，每次 15 分钟，但在时间或奖励方面可以让他拥有更多的发言权。

西：他肯定更喜欢晚睡，15 分钟会比较合适。他可以决定练习是在晚饭后马上进行，还是先玩半小时。

德：好的。我会给您一份关于如何制订合约的文件。然后您可以在本周制订合约，并开始准备阅读练习。

西：非常好。那下周我们还见面吗？

德：如果一切顺利，我们可以在两周后再见。请通过电子邮件把合约传给我，这样我就能看到您和乔治约定了什么。我会暂时保留下周同一天同一个时间段的预约。如果进展顺利，您可以在前一天给我写一封电子邮件，然后我们将在两周后再见。可以吗？

西：当然可以。我很想知道他的反应。希望您度过美好的一周。

德：您也一样。

下面是合约的具体内容。

乔治和妈妈的合约

我的目标
　　我，乔治，想提高阅读能力。

我为此要做哪些准备呢？
　　我愿意，除了周二和周四以外，每天都和妈妈一起阅读 15 分钟。
　　阅读练习在午饭后半小时，客厅的书桌旁开始。我会自己看时间，到点时就会带上书去客厅。如果我忘了，妈妈可以提醒我，但我不会因此而抱怨。

我会得到什么？
　　如果我做得好，读了 15 分钟没有任何抱怨，我就会从妈妈那里获得一张凭证，它可以让我晚睡 15 分钟。
　　在我读完一页书的五分之一后，妈妈会把整页书读给我听，并来帮助我阅读。

　　此合约的有限期为两周。

签名处　乔治：_____
签名处　西伯：_____

剩下的会话

乔治妈妈后来又拜访过我四次，间隔的时间越来越长。乔治取得了显著的进步，并且最终得以升级。暑假期间，他的阅读能力进一步得到了提高，并在下个学年结束时，达到了班级的中等水平。阅读练习可以停止了，因为乔治的兴趣已经被激发起来了，他现在会自发地阅读《阿斯泰利克斯历险记》《幸运的卢克》和《唐老鸭》。最终在第五个学年里，乔治抱着极大的热情读完了《哈利·波特》的第一卷。

乔治的妈妈在接下来的会谈里，每次都会带上阅读练习的录像带，这样我们就可以对一些问题进行具体的干预，对阅读练习进行适当的调整，使得它可以对乔治发挥尽可能大的作用。

而乔治老师的帮助也被证明是特别有效的。在和乔治妈妈进行一次谈话之后，老师同意不再突然点乔治的名。如果他不确定乔治是否能跟上阅读，他会立刻给乔治指出他应该继续阅读的地方，并经常表扬他。第五周之后，老师把乔治留在教室并告诉他，要和他说些事情。乔治起初有点紧张，但老师告诉乔治，他取得了很大的进步，并为他感到自豪。乔治非常高兴，回到家，一推门，乔治就对妈妈喊道："伯格先生也认为我越来越好了！"这种夸赞激励了他，也证实了我长期以来的一个观点：

相比于家长的表扬，一个重要人物对孩子的认真赞美会发挥更大的作用。

孩子不愿意学习，我该如何反应？

在之前的论述里我们已经知道，父母在孩子学习过程中向他们表达爱意、赞许和欣赏，能使他们产生对自我控制的积极体验。对他们的努力给予认可，是多么重要。父母借助这些方式可以增强孩子的学习动力，随着时间的推移，他们会更顺利地完成家庭作业，也会更乐意进行阅读、算术或拼写。

但如果基于之前的负面经验，孩子不愿意学习，或者他们的希望和目的是避免学习，那么情况就会变得很糟。可能你的孩子比较固执，做作业或学习时，会拒绝并开始哭闹，并让你卷入一场"斗争"。如果孩子从中"获益"，这种逃避的行为就会频繁地发生。通过仔细观察就会发现，相比于学习，大多数孩子更多的是通过逃避来满足他们的需求。如果父母一味地对孩子的这种行为给予理解和安抚，或者和他们讲大道理，那么实际上是在鼓励孩子继续这样做。

在会谈中我经常会观察到，在孩子的学习过程中，父母是如何变得冷淡和失去耐心的。父母会通过眼神或者诸如"这个我们昨天已经练习过了"等话语，对孩子的错误做出带有惩罚性的反应，而且父母也会做出一副批评的表情。而孩子一旦开始哭泣或愤怒、拒绝或走神，并以此来逃避学习，父母就会表现出十分的理解，安抚孩子，把他们搂在怀里，试图重新鼓励他们。

从父母的角度来看，这种行为是可以理解的，也是合乎逻辑的：孩子现在的状态不好，所以我试图通过改善亲子关系来调节他的心情，这样我们才能继续，孩子的状态才会好起来。但实际上因为这些举动都是无意识的，所以潜移默化中就会产生事与愿违的结果。通过图1-4和图1-5可以看出这种联系。

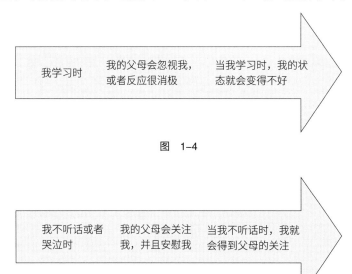

图 1-4

图 1-5

孩子所得到的愉悦反应不是因为学习，而是因为他的抵抗。这样的结果会使孩子的反抗变得越来越激烈，直到他完全不再学习。

当孩子有以下情况时，他的反抗会变得愈发激烈：
通过反抗得到了偏爱。
反抗时，父母让孩子停止学习。
通过反抗赢得了"斗争"。

而长此以往，情况就会越变越糟糕：
在学习中孩子得到的关心和赞许越来越少。
在学习中孩子会经历更多的失败（学习材料也会越变越难）。

作为父母，你应该让孩子体会到学习比抵抗更令人愉快，也更加有用，以此来减少孩子的抵抗情绪。孩子也必须认识到，从现在起是一种完全相反的状况：
我在学习的时候，状态很好！
如果我抵抗了，就什么都得不到！

想要减少孩子的抵抗并不是件容易的事。这需要父母言行一致，并且意志坚定。更重要的是，你要相信，你是在为孩子做正确的事。你可以和你的伴侣讨论具体的处理方法，你们必须同心协力，采取一致的做法。
可以这样做：

第一步

在孩子学习时尽可能地多做一些积极的反应。你要让孩子意识到,当他投入学习时,你是非常重视他的。在开始第二步之前,你要给孩子至少两周的时间,让他来感受这种体验。

第二步

告诉孩子你对他的期待,而且从现在起,你不会再关注他那些糟糕的行为了。你要明确地告诉他,你是认真的,你不想再和他没完没了地讨论了。

有许多方法可以实现这一目标,下面我将向你介绍其中几种。请你思考一下,哪种方法让你感觉最舒服,而你的孩子最有可能对哪种方法做出反应。

远离状况

很多孩子已经意识到,如果他们让父母参与讨论,就可以把讨厌的作业推迟一些完成。这些讨论通常这样开始:"嗨,必须要现在做吗?""我不可以再玩半个小时吗?""我太难受了,我为什么要这么做?",等等。然后,父母试图说服孩子,为他们做作业找一些论据。父母会告诉孩子,如果他们一旦开始做作业,时间就会过得很快;作业完全没有那么多,如果他们马上开始写,那么他们可能获得更多的玩耍时间。随着时间的推移,父母与孩子的讨论会变得越来越激烈,随即就会出现这样的话:"你觉得,作业会让我快乐吗?""我还有更好的事要去做!""我受够了,我们每次都要上演同样的戏码。"

如果情况是这样的,那么离开现在这种场景,对你来说可能是有所帮助的。你的每个论点都会引发孩子的相反论点。你可以将你们之间的讨论想象成"火",将你们的论点想象成扔进火里的"木头"。只有你们停止向火中扔木头,火才会停止燃烧。所以,你可以这样做:

海克:妈妈,必须要这样吗?
妈妈:来吧,如果你现在马上开始做作业,你的速度会快很多。
海克:我们总是要做这种无用功。
妈妈:海克,我并不想和你讨论。我只想让你做作业,我们来继续吧。
海克:我不舒服!
妈妈:好,那你现在可能没准备好。我去厨房洗碗,等你准备好了再叫我。
海克:我已经好了。
妈妈:不,我想你需要一些时间来适应和调整你的状态。我现在去厨房,我希望你准备好了再来叫我。

这时候妈妈要转身离开,必要时可以在一天中做几次这样的事情,或者第二天再继续。直到海克意识到,妈妈并不愿意和他讨论相关的话题。

特别是当孩子生气的时候,父母需要给他们时间并离开他们,这样比和他们谈论问题更加有效。比起和别人谈论,只有当独自一人时,人们才可以更快地冷静下来。

限制时间

或者你也可以限制时间。海克的妈妈可能会做出如下反应：

海克：我不舒服！
妈妈：海克，我只能帮助你到下午 3 点。如果你到那时还不开始，你就必须要独自做作业。
海克：不要！
妈妈：我是认真的。我现在去拿点喝的，你可以考虑一下，是想现在和我一起做作业，还是想之后一个人做。如果你想和我一起做，那就是现在。我是希望可以和你一起做作业的。

妈妈的态度保持前后一致是非常重要的。如果妈妈下午 5 点还在帮海克做作业，"因为作业任务必须要完成"，那么，一切都没有用了：海克最终占据了上风，而且他知道，他可以和妈妈做他想做的事。

所以，父母言行一致且意志坚定是很重要的。

忽视

作为父母，始终关注孩子的积极行为而忽视孩子的蔑视和抵制行为，就会有更多的收获。这会让孩子认识到，积极的行为更具有吸引力，而挑衅的行为则是无趣的。如果孩子想通过反抗获得关注和照顾，或者通过哭泣停止学习，那么父母忽视这些就会特别有用。你可以通过不再关注孩子的这些行为，让他认识到，这些行为不会给他带来任何好处。这样他后面就会很少做这样的事情了。

同时，当你的孩子重新投入学习时，你要立刻对此做出积极的反应，这一点是很重要的。请记住，应该让孩子了解下面的关系：

如果我学习，我的状态也会很好。
反抗没有任何用处。

让我们来看一个例子。希比勒的父母和老师通过增加对她积极行为的关注，以及对她反抗行为的忽视，最终帮助她减少了自己的消极行为，并建立起学习的乐趣。

希比勒越来越爱哭了，而且都是因为一些看起来无关紧要的理由。她的父母发现她变得很敏感。这也不全与作业有关，只要事情稍微困难一点，希比勒就开始哭。父母不得不安慰她，并经常为此给老师写道歉信：

> 亲爱的伯格女士：
> 　很遗憾，希比勒昨天没能完成家庭作业。作业对她来说太难了。
> 　致以最诚挚的问候
> 　　　　　　　　　　　　　　　　　　弗里德里希女士

老师注意到了希比勒的行为。她很担心,因为希比勒没有表现出任何的努力,只要遇上一点点困难就会放弃。在家长会上,老师与希比勒的父母谈话,并向他们说明,希比勒这种行为会给她自己带来问题。为了向他们说明希比勒的行为是如何形成的,老师向他们展示了一个简单的表格(见表1-2)。

表 1-2

状况	问题行为	父母反应

对孩子来说的优缺点:

希比勒的父母与老师一起填写了这个表格(见表1-3)——关于"完成作业期间遇到的困难"。这个对妈妈来说尤其重要,因为她可以看到女儿的哭泣对她造成的影响。

表 1-3

状况	问题行为	父母反应
希比勒必须要做家庭作业,但她对作业不能很快地理解	她开始哭泣	安慰她 当她还是不能做作业时,就替她写封道歉信

对希比勒来说的优缺点:
希比勒得到了父母的关爱
希比勒不用再做作业了
从长期来看,希比勒变得越来越不独立,做事情总是很快放弃

在老师的帮助下,希比勒的父母认识到,虽然他们的行为

在短期内减轻了女儿的压力，但从长远来看却带来了很多负面结果：希比勒变得越来越不独立了，她越来越不愿意努力，总是过早地放弃，不能用时间来消化负面情绪，而且学习成绩也变得很差。

希比勒的父母也发现，他们很少关注女儿的积极行为，只有在出现问题时，才会给她安抚和关爱。希比勒总是存在问题，老是哭，所以当她有片刻的安静时，她的父母会非常高兴，因为终于有时间留给自己和其他的事了（"总算能歇会儿了！"）。然而，这并没有增加希比勒的积极行为，她越来越清楚以下的规则：如果你想让父母关注你，花时间陪你，那就开始哭吧。

那么，怎样才能改变这种消极行为呢？希比勒的父母为此制订了以下计划。

在开始的两周，她们尝试这样做：

当希比勒做作业时鼓励她。（这一点非常重要，在父母忽略掉那些不希望孩子出现的行为之前，必须要让孩子清楚地识别，哪些行为是父母所期待的）

当她表现出一些积极的行为时，我们要多关心她，给她关爱。例如她和弟弟一起玩，她自己看漫画，或者她玩自己的娃娃，等等。我们要坐在一旁，和她一起玩，或者陪她聊会天。

即使问题仍然存在，我们也不再关注希比勒的消极行为。我们要求她去做作业，即使作业很难，她也要认真地尝试去完成。

希比勒的老师和父母讨论了两件很重要的事：

父母一旦开始忽视希比勒的消极行为，就要始终如一。因为只有这样，希比勒之后才会减少这种行为。而如果父母有时会屈服于这种行为，那么希比勒会觉得这种行为还是值得一试的。

消极行为在减弱之前，会先变得更激烈。如果某一行为到目前为止是有效的，而突然之间就行不通了，那么孩子会加强这个行为，以看它是否还有作用，这似乎是合乎逻辑的。比如，孩子经常会学到，如果想在超市里买玩具，只需要更大声地尖叫，直到让父母陷入尴尬，他们就屈服了，孩子用这个方法再次成功了。对孩子和父母来说，这样的学习过程通常都是在不自觉的情况下发生的。

让我们在简短的摘录中看一下，希比勒的父母是如何执行这条规则的。

例子：希比勒的消极行为被忽视	
希比勒：我做不到。（开始哭）	妈妈没有像平时一样屈服，而是清楚地表达了自己的期待。
妈　妈：你还完全没试过，你先试试。你要先做什么？	
希比勒：不，我做不到。（继续哭）（妈妈沉默了，她忽视了希比勒的行为。希比勒哭了整整 5 分钟，最后她想要起身走开）	妈妈忽视了希比勒的消极行为，并让这种行为失败了。

(续)

例子：希比勒的消极行为被忽视	
妈　妈：不，你还没有试过呢，你待在这儿。我想让你把这个作业读一遍。我知道，你可以做到。 （希比勒又哭了5分钟，然后抽泣，最后沉默） 妈　妈：你现在要干什么？ 希比勒：我要讲这个图画故事，但我做不到！ 妈　妈：你在第一张图里看到了什么？ （希比勒描述了这张图） 妈　妈：很好，那么你怎么样才能把这些写下来？ 希比勒：（又哭了起来）我不知道。 （妈妈继续耐心等待，直到她停止哭泣） 妈　妈：你刚才把这幅图描述得很好。让我们来造个句子。嗯，听起来很不错，你可以做到的。	妈妈再次表达了自己的期望，并且阻止希比勒逃避这件事。 妈妈开始处理作业的问题，这是不能放弃的。 妈妈马上肯定了希比勒在作业上的进步，并让她更清楚，她的这种消极行为会被持续忽视。

正如我们在这个例子中所看到的，妈妈一直都在忽视希比勒的哭声，但妈妈也清楚地告诉希比勒，自己对她的期望，而且只要希比勒开始学习妈妈就会鼓励她。希比勒需要时间来学习，她只有在配合妈妈时才能得到她想要的关注，哭泣和埋怨并不能摆脱作业。希比勒的哭泣会持续一段时间，但至少在几周内就会显著减少，强度也会逐渐降低。孩子会很快，一般是1~3天后就意识到，他们利用自己的行为不会再达到任何目

的了。

或者，你也可以设置一定的限制。

设定明确的限制

有的时候，之前提到的方法都不起作用。比如，有的孩子不在乎父母是否离开，他反而会想：这样更好，我就不用做作业了！在这种情况下，父母必须设定一个明确的限制并坚持遵守。如果孩子无视这些限制，就会承担一些不愉快的后果。

什么是明确的限制？

想通过设定限制得到一个好的结果并不是一件容易的事，你应该：

发挥父母的作用，帮助孩子投入学习。
不要破坏孩子的自尊心。
马上实施。
根据明确的规则安排任务。
做出坚定而冷静的反应。

而设定限制会造成一个"错误或有害"的后果是指：

这个限制是无效的。
它损害了孩子的自尊。
在孩子出现问题后很久才开始。

孩子无法预知限制的内容。

它展现的是父母的沮丧、愤怒和失望。

因此，接下来的内容不仅是如何设定和实施对孩子的限制，而且还要告诉父母，怎样逐步减少那些有害和毫无意义的惩罚。

有害和毫无意义的惩罚

孩子在学习过程中受到的大部分惩罚都属于有害的惩罚。让我们来看一些例子。

父母和孩子一起学习时很烦躁

当我们播放一段父母和孩子一起学习的视频时，他们往往会非常震惊。"那不是我！""我也会这么固执！""天啊，我是这样做的吗？"当他们第一次置身事外用孩子的眼睛感受自己时，这些难以置信的声音就会出现。他们会看到，自己用挖苦的口吻和冰冷的表情来"表扬"他们的孩子；也会偶然说出一些恶意的评价，诸如"你现在小心点！""往这看！""这个我们已经做过了！"；还会感受到自己是如何威胁孩子的，"如果明天没做完，你到时看看林特女士会怎么批评你"。在仔细观察后父母会发现，他们在孩子犯错时，身体向后靠，表情变得僵硬，产生一种沮丧、恐惧和失望的情绪，并最终将这种情绪转嫁到孩子身上。

这种惩罚是很常见的，而且危害性很大。因为它：

是无意识的，所以它的破坏性影响是无法控制的。
会对孩子的自信心造成伤害。
会让孩子产生恐惧和愤怒。
会让参与学习的父母与孩子都感到不舒服。
会让亲子关系变得紧张。

如果孩子的作业和学习问题已经存在了很长一段时间，那么恶性循环已经形成，我们几乎可以肯定地认为，这种有害的惩罚也已经出现。在所有的家长咨询中，我都曾发现过这个问题。即使父母本身是老师，或者是有教育学背景，或者刻意地不去惩罚孩子，能够从容地应对孩子的学习问题，他们也很少能意识到，自己在上述情况下的举止行为。

即使你是一名心理学家，也未必能幸免。我记得有一次在咨询课上，我和一位妈妈谈到了这个话题。晚上我和妻子一起上探戈课，但一切都进展得不太顺利（"现在你来领舞！""为什么你现在又走这一步？"）。最后，妻子告诉我，我整个人是"不对劲的"，并且表现得很不耐烦。当然，事后来看，她当时显然把问题简单化了。正如你所看到的，要创造一种有利于学习的氛围实际上并不容易。

首先，你要意识到自己的反应。你有勇气观察自己吗？这其实是非常重要的。

你可以这样做：找一台摄像机，记录一段或者多段你和孩子一起做作业的场景。到晚上或第二天，在平静的状态下可以观看这些录像。录像的前 10 分钟你可以跳过，因为在这个时间里，大多数父母会意识到，他们是在被拍摄的，所以举止是不自然的。但在那之后，他们就会忘记摄像机的存在，行为举止也会变得自然起来。

在第一遍的观看中，你只需要注意你对孩子说的话。看第二遍时，你要注意自己的表情、手势、语气和姿势。当然如果你关掉声音，就可以更好地识别你的面部表情和肢体动作。在第三次的观看中，你要注意孩子对你的反应。

你是如何影响孩子的？如果你是孩子，你会有什么感受？请把你的感受和印象记录下来。

通过录像，你总是会发现很多自己想要改变的行为。然而，这种无意识的、经验性的行为是很难改变的。不要给自己太大压力，你可以下定决心，只在某个特定问题上进行改变。

如果你找不到摄像机，可以尝试以下方法：

让别人（伴侣、朋友、辅导员）观察你和孩子的学习过程。这个人的任务是把自己当成你的孩子，当他开始感觉到不舒服的时候，要及时地向你反馈。

可以问问孩子，他在学习时的感觉，或者他是否喜欢与你一起学习。你在每次辅导孩子学习之后，让他给你打个分，并且和他讨论一下，你要怎么做才能从他那里拿到高分。

当然，上述方法可以一起使用。

和其他惩罚方式相比，父母的烦躁更会让孩子失去学习的动力。所以如果你能够消除它，那你已经取得了很大的成功。一个在学习上有问题的孩子会受到更多的惩罚，这些惩罚只在一定条件下会促成孩子积极的改变，或者说它们是弊大于利的。

老师或父母对孩子的羞辱

我希望，我不必在这里提到这种惩罚，但它发生得太过频繁了，使我不得不提及它。现在的父母很少打孩子，而且在学校里也不会出现这种现象（极少数例外）。但孩子还是会感受到羞辱，而这种羞辱常常被用作"激励的辅助手段"。事实上，我们并没有从这种手段中获得成功，恐惧、愤怒、不安全感和羞耻感却会因此产生。

我清楚地记得我们被叫到黑板前的场景，那真是可怕的经历。老师却认为这是一种对学习动力的刺激，或者说是一次很好的合作。我上学时，老师会在每节课讲解单词，并让学生到黑板前来演示。一些学生可能在一节课里都会担心一个可怕的问题："今天轮到我了吗？"

学习上没有动力的学生可能对这件事情漠不关心。而对那些勤奋的，有社交恐惧症的，以及在班上没有同伴支持的学生来说，这件事情却是非常痛苦的。我常常会想，老师为什么要用这种方式伤害我的学习？这是对我的恐吓吗？是我不够听话吗？这是让我做某种准备吗？我不应该被这样对待。这是在激励我的学习吗？我即便怀着最大善意也看不到这个方法的效果。

今天看来，当时的我是缺乏共情的能力。有些老师并不清楚，这种做法对某些学生的伤害是多么严重。当我开始给那些有考试焦虑症的学生做咨询时，我才意识到了这一点。我也发现，有时甚至是 10~15 年前的经历也会引起他们的恐惧，并且迄今为止还在损害他们的自尊心。他们会这样说：

我宁愿放弃学业，也不愿一直对考试和做报告担惊受怕。

在我的内心深处，我知道我是一个失败者，即便是好的分数也是没有用的。

当我必须上台做报告时，我就会意识到自己是多么愚蠢和毫无价值。

一些孩子告诉我，父母会对他们糟糕的成绩表现出失望。他们会记得，9 岁时他们带着糟糕的成绩哭着回家，只是因为担心父母对此的反应。他们并不是那些在学习上没有动力的孩子，而恰恰是那些在小时候为了让父母和老师感到满意，尽可能去做一切的孩子。

如果作为父母或教育工作者，你已经意识到你有这样的行为，那么我想对你说，羞辱这种方式永远不会触及那些懒惰和叛逆的孩子。它只会让害怕的孩子更害怕，让他们感受不到学习和学校的快乐，而且这种方式会伤害到别人，让人感到不舒服和有压力。那些勤奋和努力的孩子也会担心与别人交往时犯错，或者让辛苦教导自己的老师失望。他们会紧绷着身体，当他们看到另一个不幸的孩子因为做不出题而在大家面前丢脸时，他们也会感同身受。

所以这种惩罚方式应该被完全抛弃！

人们只能依赖老师？

大多数老师会检查孩子的作业是否完成，这是可取的和正确的。但对那些有学习问题的孩子来说，通常这样也是不够的。如果一个孩子学习和做作业时总是付出很多努力，那么他就会觉得这件事太费劲了，而且很无聊。我们在咨询中听到了 10 岁孩子的心声：

早上我也许可以抄弗洛里安的作业。
老师也并不总是要检查作业，也许我很幸运。
我宁愿被骂几句，也不要花一下午做这个讨厌的作业。

老师只能检查孩子的作业是否完成，但无法检查孩子是否抄了别人的作业，或者真的学到了什么。尤其是对小一点的孩子来说，完成作业和老师的反馈之间间隔的时间太长了，所以，今天的电子游戏远比第二天老师的反馈更加重要。

设限并不是件容易的事

如果你想根除孩子一种长期的、消极的行为，而且不想因为这件事给亲子关系造成阴影，那么给孩子设定限制就是有意义的方法。你要发挥自己作为父母的作用。如果你只听到自己说"我已经跟他说了上百次了"或"我们总是施加压力，却没有成功"，那么未来你也不会成功，可以考虑放弃这个方法。

给孩子设定限制的基本原则是，如果一个限制孩子的方法（对孩子的惩罚），在 2~3 周内并没有显著减少孩子问题行为的产生，那么你应该尝试其他的方法，或者寻求他人的建议。

你可以这样做：

对需要改变的事情重新定义。例如：
我不想每次说到做作业就开始争吵。
我不想只要我们一开始做阅读练习，孩子就不听话和说脏话。

提示：你不要期待孩子的行为很快就能做较大的改变。较大的目标应分为小的步骤来实现。例如，你可以要求孩子先做 5~10 分钟的作业，而不是一口气完成所有的作业。

向孩子表达一个具体的期望——他究竟应该如何表现。例如：
你要在午饭后半小时按时开始做作业。我只提醒你一次。
我希望你认真参与阅读练习，在这 10 分钟内你要集中注意力。

提示：比起你的要求——"你要听话"，孩子更容易实现你的具体期望。你要在一开始就向孩子说明你的期望（如阅读练习前，午餐后），这样才能帮助到孩子。

告诉孩子未能完成要求的后果。例如：
如果你不坚持做，那么今天你就不能看电视、玩电脑游戏。
如果你生气、不听话，那么你必须独自完成这些作业。

01　鼓励孩子

提示： 后果会让孩子感到不愉快，但不会伤害他。少看一会儿电视或少玩一会儿电脑游戏不会伤害到孩子。但对大多数孩子来说，比起和父母一起做 10 分钟练习，他们更不能接受不准看电视的后果。

告诉孩子从今天起你对他的期望，以及如果他违反要求的后果。请你坚定地遵守这一规则。

案例分析

苯哈德和他的妈妈——基弗女士在学习过程中经常陷入"斗争"。尽管苯哈德才 10 岁，但妈妈不知道该如何应对他。苯哈德在算术方面有很大的问题，他本来应该通过每天的短时间练习去弥补这些缺陷，然而这种正确的学习方法却没有真正地实施过一次，就像下面的片段所展示：

妈　妈：你现在过来坐好。 苯哈德：哎……	苯哈德一开始就没有进入状态。
妈　妈：只有 10 分钟。 苯哈德：（夸张模仿）只有 10 分钟。	妈妈尝试着鼓励苯哈德，但没有起作用。
妈　妈：过来，7×7 等于多少？ （苯哈德不说话，他在玩手指）	
妈　妈：拜托，苯哈德，我知道你会的，7×7 等于多少？ 苯哈德：49。	妈妈请求了苯哈德并夸奖他。

(续)

妈　妈：很好！ （苯哈德看了看表，一分钟已经过去了）	
妈　妈：那8×7是多少？ 苯哈德：这太无聊了！	但这没有用。
妈　妈：你觉得，这会让我觉得有趣吗？！ 苯哈德：（无聊）我看，我们就这样吧。	苯哈德加强了他的反抗——妈妈生气了。
妈　妈：拜托，你专心点。8×7是多少？ 苯哈德：我不知道。	苯哈德反击了妈妈，而妈妈再次请求他配合。
妈　妈：你都还没试试呢。你想一直坐在这儿吗？ 苯哈德：我无所谓！	苯哈德继续表现出反抗——妈妈威胁他。
妈　妈：那我们先停一下。	最后妈妈放弃了。

苯哈德的妈妈觉得设定限制和遵守限制是很难的。但我很高兴她能积极响应我的要求，录制一段苯哈德做作业的视频，而且带给了我。这样我们就可以通过这个例子来讨论本节一些要点。下面我想把我们的谈话再现一下。

法比安·格罗利蒙德（德）：谢谢您的视频。苯哈德做算术练习时，通常都是这样的吗？

基弗女士（基）：是的。

德：嗯。我想和您一起看一看，我们如何在这个过程中做一些改变。当您观看视频时，您感觉如何？

基：我觉得很尴尬，但我必须看完它。

德：您很尴尬。是什么让您觉得很尴尬？

01 鼓励孩子

基：苯哈德，他在牵着我的鼻子走。

德：嗯。

基：这些练习很重要。我不想让他再错过这种提升算术能力的方式了。

德：然而他不配合，拒绝。您感到无能为力。

基：是的，是真的无能为力。

德：在看视频时，我有一种感觉，当苯哈德让你放弃你的权力时，他感到很享受。

基：是的，他在最后很短时间里露出了满意的表情。

德：如果一个 10 岁的孩子就能控制他的母亲，这是件好事吗？

基：他很喜欢这样，而且他控制的不仅仅是他的母亲。

德：他通过这种行为，达到目的了吗？

基：是的，他的老师告诉我，他在学校越来越放肆，几乎没有人能管教他。他总是扰乱课堂，其他孩子也觉得这样很有趣，这也让他更加嚣张。

德：苯哈德用这种行为收获了很多。他不用做练习，他在你和老师面前占据了上风，而且还觉得自己在同学中很受欢迎。

基：是的。这样看来是有一些好处的。

德：但是他面临着更多的不利因素。

基：没错。所以他从来不学算术……当然，他学会用这种方式达到自己的目的，肯定不是件好事。

德：是的。我能问您一些私人的事情吗？

基：什么？

德：在视频的最后您很生气。那么在这之后，您需要多久才能认真地面对苯哈德，才能再次用真挚的态度正确地接纳他呢？

基：哦，被发现了。

德：这并不容易，不是吗？

基：是的。老实说，有时我必须花相当长的时间来消化这些情绪。上周特别糟糕，苯哈德甚至叫我笨牛。我和丈夫说，在这种情况下，我甚至会问自己，我是否还喜欢他。（开始哭）天哪，我真的问过自己。

德：您压力太大了。您努力了，花了时间，但是苯哈德不听话，而且叫您笨牛。

基：（抽泣）是的，我的压力真的很大。

德：在这种压力之下，您不可能成为那种您想成为的母亲……

基：作为一位母亲，我怎么可以那么想呢？

德：我可以和您说下吗？

基：什么？

德：您是爱您的孩子的。而这些想法来自您的压力和对苯哈德的愤怒。您知道吗？我认为这种愤怒是完全有道理的。

基：真的吗？

德：是的。您的愤怒告诉您，苯哈德的行为是完全不能接受的。

基：我知道。只是——我很讨厌这种用惩罚来驯化孩子或让孩子听话的教育方式。

德：这一定是让孩子听话吗？为什么不是让孩子学会尊重呢？

基：尊重？

德：是的，相互尊重。您会骂苯哈德是笨牛还是傻瓜？

基：不，当然不会！

德：那他为什么有权对您做这些？这并不是说他要听父母的话，而是他要对父母和其他人展示他的尊重，而这种尊重是从你们那里得到的。

基：他并没有对我们表现出尊重。我喜欢相互尊重。

德：您花时间，付出努力去帮助他，并期望他能接受帮助，不是吗？

基：是的。

德：那我们可以写下您对苯哈德的具体期望吗？

基：（开始写）苯哈德，我们现在要进行 10 分钟的算术训练,希望你配合并付出努力。

德： 非常好。如果他拒绝或变得顽皮,您会怎么办？

基： 嗯。那么这一天他就不能看电视,也不能玩电脑游戏。

德： 好。我们把它也写下来,可以吗？

基： 是的。如果他这一天不能看电视,那肯定比我整个下午都在和他生气的效果要好。

德： 是的。让我们来看看其中的重点——您在一个平静的时刻告诉苯哈德,您制订了这个规则。您可以告诉他,他要跟上学校的学习进度,这对他来说是非常重要的,因此您认为制订这个规则是很有必要的。您要在他学习之前告诉他,您对他的期望。如果他坚持不下去,您可以告诉他,今天的电视和电脑游戏时间被取消,然后您就起身离开,不要和他讨论。

基： 好的,那需要用上我极大的克制力。

德： 是的,但您会做到的。

基： 如果他说他还想做练习,我该怎么办？

德： 那您就告诉他,今天太晚了,明天再好好做。

之后的视频录像显示了他们第一天的对话：

妈　妈： 苯哈德,我们开始了,你知道该怎么做。我希望你用 10 分钟的努力来完成。 **苯哈德：** 妈妈……	妈妈再次跟苯哈德说出了她的期望。
妈　妈： 我希望你能完成它。7×7？ **苯哈德：** 我不舒服！	
妈　妈： 好的,那你今天的电视和电脑游戏都取消了。	

(续)

苯哈德：我已经在做了。	妈妈的反应前后一致。
妈　妈：你可以明天再好好做。 （妈妈起身离开。苯哈德还在嘟囔着什么）	妈妈不会再改变想法了。

苯哈德花了三天时间才意识到，他的妈妈是认真的。从那之后，他愿意付出努力了，情况也缓和了。苯哈德在算术上有所进步，他们的母子关系也变得更加亲密和放松了。

在学校，他的情况也有所改善。老师与苯哈德妈妈谈话后，当苯哈德表现好时，老师就会经常表扬他。而当他一旦出现叛逆行为的迹象时，老师就会把他单独叫到讲桌前。

下面的清单可以帮助你更清楚地设定限制。

给孩子设限的清单

孩子的以下行为困扰着我：
_____
_____

我对孩子的期待：
_____
_____

当孩子违反规定时，我的反应如下：
_____
_____

☐ 我和我的伴侣说好了，我们会齐心协力，反应一致。
☐ 我们已告知了孩子，这套规定即日生效。
☐ 我们已经准备好去应对了。因为这套规定可能会让孩子产生抵抗和愤怒的情绪，但我们会坚持把这套规定贯彻下去。

规则和限制过时了？

作为对专制教育和服从教育的回应，反专制教育应运而生。然而，事实证明，这种对孩子所有要求都满足的教育并不是有利于孩子的，而且会造成许多问题。孩子需要尊重和爱，但同时他们也需要有明确的限制，这样他们才能健康地成长。规则和限制的设定不仅规范了孩子，同样也给予了他们支持和方向，是健康教育的一部分。在和别人相处的过程中，孩子除了可以拥有自主权之外，我们还应该教给他们尊重和友善的价值观，否则他们以后很难走向社会。

针对不同的教育方式也有很多的研究。根据鲍姆林德（Baumrind, 1968）的观点，大部分教育方式可以分为四类风格（更多内容参见 Fuhrer, 2009; Schneewind & Böhmert 2009; Bornstein & Zlotnik, 2007）。

权威型教育风格的父母对孩子表现出更多的尊重和关爱。他们接受孩子本来的样子，并激发孩子的独立性和自主性。他们开诚布公地与孩子交谈，并通过谈判的方式制订规则。他们关注孩子遵守规则的情况，并监督孩子的行为以及在学校的表现。他们会要求孩子付出努力，并尽可能少地提供帮助。

对专制型教育风格的父母来说，孩子的服从最重要。他们对孩子进行过多的控制，使得孩子没有机会自己做决定，也没法发挥自己的主动性。这类父母的要求也特别多，他们重视孩子的成绩。和权威型教育风格的父母相比，他们的惩罚更加严厉。

而放任型教育风格的父母则非常温暖和亲切。他们对孩子几乎没有任何限制，也不会要求孩子。当孩子做出富有攻击性的行为或其他类似的行为时，他们几乎不会纠正孩子。这类父母经常被称为反专制的父母，他们认为限制孩子和制订规则对孩子来说是有害的。他们表现得更像孩子的朋友，而不是父母。

最后，还有一类父母，他们对孩子既没有尊重也不设定限制，他们忽视孩子。在这种教育风格里，父母是没有教育理念的，也完全不考虑什么对孩子好。采取这种教育风格的父母往往是自身负担过重，有自己的心理问题或其他比较大的问题，因此他们没有精力花在孩子身上。

在研讨会和咨询中，我从未遇到过这种忽视孩子教育的父母——他们没有什么动力来参加研讨会。在这里，大多数父母都是权威型的教育风格，一部分父母是放任型的教育风格，而只有很少数父母是专制型的教育风格。

从事教育工作40年的佩雷斯（Perrez）教授现在回想起来，在职业生涯开始的那几年，他在教育培训中遇到的主要是专制型父母，他当时的愿望是让这类父母学会给予孩子更多的赞赏。而如今情况相反，他遇到了许多父母，他们对孩子非常欣赏，但不敢给孩子设定明确的限制，建立具有约束力的规则。他的任务更多的是告诉这些父母，需要给孩子设定一个明确的规则和限制。

权威型父母会对孩子表现出很多的欣赏并促进孩子独立，但如果他们能设定明确的规则和限制，那么孩子会发展得更好：拥有很强的学习能力，更加努力，而且能制订出更好的学习策略；更有耐性，可以更好地应对失败并具有更多的自信（更多内容参见 Aunola, Stattin & Nurmi, 2000; Fuhrer, 2009; Spera, 2005; Schneewind, 2003）。

专制型父母的孩子，学习成绩不一定是最差的。然而，这类孩子没有自我激励的能力，缺乏自信，会因害怕失败而拒绝挑战，而且制订的学习策略都不太有效。他们从学习中获得的快乐较少，好奇心较少，他们的努力更多是出于对被惩罚和被谴责的担心和害怕（更多内容参见 Aunola, Stattin & Nurmi, 2000; Bornstein & Zlotnik, 2007; Ginsburg & Bronstein, 1993; Gonzalez, Greenwood & Wenhsu, 2001; Lamborn u.a., 1991）。

放任型父母的孩子，通常的表现是缺乏耐性，难以应对压力和挫折。他们制订的学习策略基本没有什么效果，而且依赖性强。鲁姆伯格（Rhumberger）和同事的一项研究表明，辍学孩子的父母大多是放任型教育风格（更多内容参见 Bornstein & Zlotnik, 2007; Gonzalez, Greenwood & Wenhsu, 2001; Rhumberger u.a., 1990）。

而那些被父母忽视的孩子，如预期的那样，表现最差。他们常常表现出发展中的缺陷，学习能力明显低于平均水平并且缺乏自信（更多内容参见 Liebenwein, 2008; Darling, 1999; Kindler, 2006）。

研究结果不断表明，父母一方面要传达温暖和爱，花时间和孩子在一起，促进他们的独立；另一方面也要与孩子商谈规则，给他们设定清晰的限制，并且对孩子的行为做出一致的反应。这两个方面都是非常重要的。

在本章，你首先了解了应该如何对孩子做出反应，可以鼓励他，也可以要求他。其次你熟悉了给孩子设定限制的方法。如果你愿意，可以花一些时间问自己，更愿意做什么？你的感受是怎样的？你的伴侣或你认识的其他人，对你的教育方式感觉如何？什么对你来说更难，是给孩子设定限制还是展现你对他的欣赏？

如果你想了解更多有关这一主题的信息，你可能会对实用且易懂的行动指南——由克劳斯·施内温德和比特·布默特撰写的《限制内的自由》（Klaus Schneewind & Beate Böhmert, *Freihait in Grenzen*, 2009）感兴趣。书里包含一张 DVD，非常生动地呈现了父母的教育风格。

MIT KINDERN LERNEN
KONKRETE STRATEGIEN FÜR ELTERN

父母态度的决定性

有针对性地表扬孩子的独立性和责任感

与孩子一起制订计划

为孩子的自助提供帮助

让孩子逐步变得更加独立

02

02 让孩子逐步变得更加独立

许多父母希望孩子可以在没有帮助的情况下主动做作业，独立地为考试做准备。这个目标是否能尽快地实现，在很大程度上取决于孩子自身。特别是当你的孩子在学习上有困难，而且不堪重负的时候，独立自主的目标只能逐步地来实现。

然而，正如一些研究所表明的，独立自主这一目标是绝对应该追求的。例如，蒂爱丽（D'Ailly，2003）、古兰德和格罗尼克（Gurland & Grolnik，2005）、格罗尼克、瑞安和德西（Grolnik, Ryan & Deci, 1991）以及波美兰兹（Pomeranz）、摩尔曼（Moorman）和利塔瓦克（Litawack，2007）等人的研究表明，父母支持孩子独立自主的做法，从很多方面来看，对孩子是有利的。帮助孩子自立，不仅可以促进他们的学习兴趣，还可以切实提高他们的学习能力。那些经历了"从别人帮助到自助"的孩子会养成更积极的自我概念：随着时间的推移，他们会对自己的学习能力更有信心。

约赛门特（Joussemet，2005）等人调查了那些受父母支持，

5岁就自主独立的孩子。几年后,当这些孩子上三年级时,他们又一次接触到了这些孩子。事实证明,那些很早就得到父母支持而独立的孩子,他们在社交能力和阅读方面都表现得更好。所以,关注孩子的独立性是很重要的。

然而,如果你到目前为止已经帮助了孩子很多,那么你不应该为了迫使孩子独立,而在一夜之间停止对他的所有帮助。这种方法会使你的孩子不堪重负。那么,作为父母的你该怎样促进孩子自主学习呢?

首先,可以用一些简单的作业练习和孩子最喜欢的科目来锻炼他的独立性。随着能力的增长,他就可以承担更多的责任。

这些简单练习包括:

写个简单的说明。
给图画上色。
准备好自己的学习场所。
按照一个清单整理第二天的书包。

日常的家庭作业对孩子来说是比较困难,但大多数老师布置的作业都是孩子能够自己独立完成的,而对他们来说最困难的是自己准备考试。

02 让孩子逐步变得更加独立

父母态度的决定性

如果你想促进孩子的独立行为，那么作为父母，你的态度和行为就必须与这个目标相匹配。这听起来合乎逻辑，但实施起来并不容易。通常情况下，父母会不自觉地"夸赞"孩子的依赖行为，而"惩罚"他们的自主行为。当父母对孩子通过独立行为而取得的成绩并不满意时，他的独立自主就会因此受到"惩罚"。比如，当孩子不得不重新做作业或纠正自己的错误时，他会很容易这样想："如果我自己做得不好，那我可以马上寻求帮助，这样父母就不会生我的气了。"同时，父母或者一位辅导老师出于好意的帮助也会让孩子变得有依赖性。如果你的孩子发现，通过你的帮助他可以不用那么努力，而且可以很快地完成任务，那么他们就会很乐意地寻求帮助。因为这样的帮助很容易得到，所以他们不会轻易放过机会。如果置身事外，我们会看到孩子的反应，这是很有趣的，下面是实践中的两个例子：

是的,我妈妈会给我解释的。我们一页一页地阅读,她会解释并举例说明。而当她意识到我没有听进去的时候,她总是会生气。

说实话,我在学校不会特别上心。因为我的辅导老师——黑格尔女士解释得更清楚些。

虽然做出与目标匹配的态度和行为并不容易,但作为父母,如果你能从容地对待结果,那么也许你可以让孩子拥有更多的主动性。比起百分之百正确的家庭作业,实现孩子独立自主才是更加重要的目标。一旦你确定了这种态度,就可以做更多事情来促进孩子的独立性。

有针对性地表扬孩子的独立性和责任感

如果你向孩子表明，他能够独立完成任务对你来说特别重要，那你的孩子很有可能会为独立自主而努力。那么你要为此表达出你的自豪感，并鼓励孩子继续自己尝试一项任务：

现在你可以一个人走很远了。
你这样做很好，这样我就有时间看比赛了。
接下来两道算术题你自己完成怎么样？我觉得你可以做到的。
我都没想到，你居然可以自己完成这些困难的任务！
只是几个小错，并不是很糟糕。对我来说，你能自己尝试是更重要的。

如果你能在家长会上把你的计划告诉老师，则可以更好、更快地完成孩子的改变。如果老师知道那些完成情况较糟糕的家庭作业，不是孩子缺乏动力或存在一定的问题而导致的，而是父母的帮助较少导致的，那么老师会做出适当的反应，这对孩子独立性的培养也是很有帮助的。

与孩子一起制订计划

咨询时,我们会在谈话中将个人责任的目标与积极的想法和感受结合起来。孩子更喜欢将自己归属于大一些的孩子和成年人的群体。当然,变成大人也意味着要像大人一样承担更多的责任,独立做事情。孩子通常都热切地倾听,并同意我们的观点——他们已经足够大了,可以独立了。有些孩子甚至认为,让父母来帮助自己是非常幼稚的。

如果原则上孩子同意自主地学习,那我们就问他们,他们都能做什么。例如,作为家长,你可以在下午和孩子一起制订一个作业计划。你可以让孩子来说明,什么是他们必须要完成的,以及他们会如何做。孩子可以把作业从简单到困难排个顺序,并从最简单的开始做起。当这一进程持续到作业开始变难,他觉得需要帮助了,他就可以喊你了。在这一点上,你要和孩子一起考虑,他如何独立地继续做下去,或者他是否只是需要一点儿帮助。

如果父亲下午在家,并可以花点儿时间和孩子一起制订家庭作业计划，那孩子可能会非常高兴。以下的案例演示了你可以怎么做：

案例分析

托比亚斯（四年级）制订家庭作业计划

托比亚斯的爸爸每次都会在午饭后帮儿子制订一个学习和家庭作业计划，这已经成为一个固定的模式。托比亚斯喜欢爸爸在工作之前花时间陪伴他。他特别喜欢爸爸认真地对待他。随着时间的推移，这个计划的制订几乎已经变成了他们之间的一个小游戏。

爸　　爸：我们做计划吗？
托比亚斯：是的，我去取作业本。
爸　　爸：你有什么计划？
托比亚斯：一张算术题，从这里到那里的阅读，周四我有一个听写，必须要准备一下。啊，对了，我还要在本子上设计一个漂亮的题目。
爸　　爸：好，你想从什么时候开始，先做什么？
托比亚斯：我想从两点开始，想先做数学。
爸　　爸：先做数学很好。你大概需要多久能做完？
托比亚斯：20分钟？
爸　　爸：这个计算很多啊，你看一下，后面的题目也变难了。
托比亚斯：那半个小时？
爸　　爸：如果你做得快，就差不多。

托比亚斯： 那我就从这里做到这儿，我在 20 分钟内做完。然后休息一会儿。

爸　　爸： 好的，那你把它写下来，20 分钟计算，然后 5 分钟休息。那接下来呢？

托比亚斯： 阅读。我可以在 15 分钟内完成，它不是很多。

爸　　爸： 好，那阅读完了，再休息一会儿？

托比亚斯： 我觉得，我会马上设计标题。之后我不一定需要休息一下，我可以听音乐——这并不复杂。

爸　　爸： 所以，20 分钟计算，然后休息一下，接着阅读、设计标题。接下来差不多到 3 点了，你还剩听写和其他的计算题。

托比亚斯： 3 点我想去安德里亚斯家。

爸　　爸： 好吧，那你什么时候做这些计算题和听写呢？

托比亚斯： 剩下的计算题我会在晚饭前做，用计算器来纠正一下。

爸　　爸： 好，我觉得很有条理。但是，如果你可以再练习一下听写就更好了。你觉得呢？

托比亚斯： 必须要这样做吗？

爸　　爸： 考虑一下？晚饭后我可以给你做一半的听写，我们可以来看看，你如何记住这部分中较难的单词。

托比亚斯： 好吧，同意。

　　在这段简短的对话中，托比亚斯和他的父亲都关注了几个原则，它们对托比亚斯的行为有着积极的影响。父亲督促托比亚斯拿一个干净的作业本，这样他们可以一起做计划。做计划时，他们都注意到了，要把休息和自由活动的时间计划进去，各个科目之间交替进行，当托比亚斯觉得注意力下降时，他还可以做一些更简单的工作（比如，设计题目）。而三天后老师要考那个听写，托比亚斯也已经复习过一遍了。

父亲让托比亚斯评估他完成单个任务所需的时间。如果他高估了自己，父亲就会纠正他。这有助于让托比亚斯学习更现实地制订规划，并且激励他遵守自己设定的时间，托比亚斯也会由此变得更加独立。例如，我们可以注意到，他能自己提议用计算器来纠正计算题。这个父亲在与儿子相处时，遵循了最重要的原则：他认真地对待了孩子，赞赏他，并让他有发言权，同时也愿意对孩子做适当的妥协。

在这个例子中，有一个重点是显而易见的：我们只有愿意给孩子一定程度的信任，并允许他自己决定一些事情，才可以期望他对自己的行为负责。有时这意味着父母要让步，要妥协，或者忽略孩子并不是能把所有工作都完成的事实。

为孩子的自助提供帮助

在制订计划时，父母可以和孩子协商，什么是他能独立完成的。父母还要时不时问自己一个问题：我的孩子可以采取什么方式来自己做些什么？

例如，孩子可以：

自己用计算器纠正计算题答案。
用磁带听写，父母只需要纠正错误。
自己思考，如何才能记住难记的单词。
阅读课文，告诉父母自己读了什么，这样他们可以对那些并不能正确理解的段落更加认真理解。

对于一些其他任务，有些孩子如果没有得到帮助，就会觉得不堪重负，所以为了让孩子自助，父母要对他们进行帮助。促进自助的帮助与纯粹的专业性帮助之间区别很大，这种纯粹的专业性帮助不仅来自于父母，更多的是来自于辅导老师。

专业性的帮助是父母将材料直接给孩子，向他解释学习的专题领域，把课文更简单地复述一下，举例说明，等等。这种类型的帮助适合孩子在下次考试中取得好成绩，但它不会帮助孩子变得更加独立，以及自主制订有效的学习方法——它只是把相应的材料介绍给孩子。课后的辅导也属于专业性的帮助，它会让孩子变得有依赖性，依赖于这种帮助。在选择辅导老师时，你一定要注意这个辅导老师是否有助于提高孩子的自主性，你的孩子是否通过辅导，或者说只有通过辅导才能取得高分。

只有具体到一个特定的目标，如为期末考试去学习，这样纯粹的专业性辅导才会有意义，而这并不涉及孩子独立自主的行为。否则自我负责和获得良好的学习方法也应该是辅导的一部分。

帮助孩子自助的目的是教给孩子方法。作为父母，为了促进他在学习以及解决问题时进行思考，你要通过问题来激励孩子。在原则上你要注意，是帮助孩子做作业，而不是为他做作业。

让我们来看看，那些让孩子依赖的进一步的帮助，即所谓的专业性帮助（×）是什么样子，以及促进孩子自助的帮助（√）是怎样的。

×你给孩子举一个例子。
√你鼓励孩子查找示例：
你能举一个例子吗？
你见过/听到/经历过这样的事情吗？

✕ 你用更简单的语言来解释文本。

√ 帮助孩子，让他自己来理解原文：

那可能是什么意思？

到目前为止，你懂了些什么？

你在课文中找到关于这个词的解释了吗？

即使你并不能马上理解这些，但还是继续读吧。也许一会儿或者在你第二次读的时候会更清楚些。

你想在字典里查那个单词吗？

给我分享一下，到目前为止你读了什么？

✕ 你告诉孩子应该怎么做。

√ 你问孩子可以怎么做：

在考试之前，你想如何划分这些资料？

做这个你需要多少时间？

你知道吗，上次你低估了这些资料的数量？你如何确保这次不会发生那种事呢？

你觉得最重要的事情是什么？

你怎样可以记得最好？

你一个人可以做什么？我应该如何帮你完成其余的任务？

你跟我说一下，你是如何完成上一个任务的。好，这个方法能帮助你完成这个任务吗？

你到底要找什么？你怎么才能克服这个困难？

02　让孩子逐步变得更加独立

✗ 你立即开始转述知识。
√ 你向孩子展示他已经掌握的知识，从而引起他的兴趣：
关于因纽特人你已经知道了什么？也许你还记得这部电影。
你从课程中还学到了哪些和这个主题相关的内容？很好，你还能想到别的吗？
是什么引起了你对这个主题的兴趣？

✗ 与孩子一起解决一些家庭作业中的示例。
√ 你通过实际作业以外的例子向孩子展示方法，这样可以避免让孩子觉得这种帮助过于便利了。

✗ 你非常看重好成绩。
√ 你向他表示，对你来说兴趣和独立工作都很重要：
好，我也会这样做。
我完全不知道木乃伊有这么恶心，我年轻的时候没有经历过这些真正有趣的事情。
你自己做的这一切真是太棒了。
你这么想吗？
来，告诉我你学到了什么。

因此，促进自助的帮助主要由鼓励孩子独立思考的问题所构成，比如：

如何为准备考试做计划？

如何记住难记的知识点？
如何理解一篇课文？
如何区分重要和不重要？
如何处理数学作业？

在这个过程中，重要的是要耐心倾听。父母提出的问题"到目前为止你学到了什么"和接下来的倾听会让孩子感觉他自己是有能力的，这可以帮助他树立信心。老师和父母倾听并提出问题，让孩子来进行解释。孩子通过这种方式不仅学会了整理答案，调取和构建他的知识体系，而且还能自己发现知识的漏洞。

刚开始你总是想直接告诉孩子应该怎么做，因为促进自助的帮助最初会比较乏味，而且和专业性的帮助相比，它似乎也没有成效。孩子用这种方式掌握某些内容需要持续更长一段时间，但是这些努力都是值得的！促进自助的帮助是一种有效的方法，不仅可以在学习内容，也可以在学习方法上指导孩子，减少他们的无助感和依赖感，并建立一种以独立、自信和自知为特点的学习态度。

在提供帮助时，你最重要的目标是唤起孩子的兴趣，培养他的学习能力和增强他的自信。

MIT KINDERN LERNEN
KONKRETE STRATEGIEN FÜR ELTERN

大脑是如何学习的？
学习的成效
优化记忆的建议

记忆和大脑 03

03 记忆和大脑

在本章中,我们将探讨与大脑有关的问题。首先,我们会简要介绍一下大脑的工作原理,然后再花些时间来详细讲解作为父母的你该如何利用这些知识帮助孩子更加轻松地学习。如果你关注到本章"优化记忆的建议"一节所提到的几种辅助方法,那你将会知道,孩子能多快记住新知识以及他的这份记忆可以保存多久。

大脑是如何学习的？

我们的大脑重约 1.4 千克，大致由 1000 亿个神经细胞组成，这些细胞也被称为神经元细胞，它们具备两种能力：

相互之间建立联系。
传达信息。

让我们来看一下神经元细胞的结构（见图 3-1）。

如图 3-1 所示，单个神经元细胞由一个细胞体、多个树突、一个轴突和突触组成。一个神经元细胞首先从其他神经元细胞处接收它所发出的脉冲，再根据这个脉冲的强度，借助轴突将它继续转送给其他神经元。其中，脉冲会从一个神经元细胞传送到下一个神经元细胞，而两个神经元之间接触部分就是突触。我们可以借助图 3-2 来看一下。

电脉冲沿着轴突传递，并在突触处释放的物质，就是所谓的神经递质。如果释放了足够的神经递质，那么靶细胞（接收的细胞）就会继续产生电脉冲用于下一步的传送。相反，如果只有少数的神经递质被释放，那么什么也不会发生，因为不会有任何信息被传递下去。

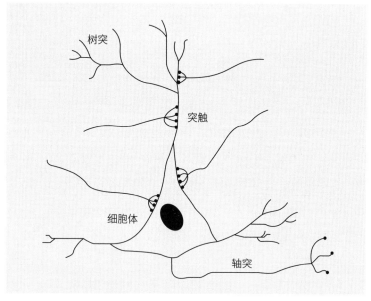

图 3-1

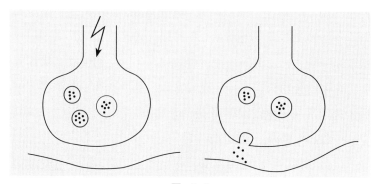

图 3-2

神经元和神经元群是信息载体。我们可以简单地设想一下，当大脑接收到某个单词时，某一组神经元群就会发送脉冲信号。以词语"仙鹤"为例，当我们读到或听到"仙鹤"这个词时，该组神经元群就被激活了。这意味着，这个词语通过这种方式在我们的大脑中留下了印象。我们也可以反其道而行，通过脉冲来激活这组神经元细胞，从而使我们想到"仙鹤"这个词语。

我们在学习时，神经元就被激活了，在这个过程中，某个神经网络也会被调动起来，当然这也与我们所做的事情相关。比如，当我们在想到狗、伴侣或者勾股定理等这些不同的事物时，激活的是大脑中不同的区域。

那么大脑是如何学习的呢？简单来说，学习新东西就是建立关联（联系）。比如，阅读时，我们就必须在某些特定的字符和特定的读音之间建立联系；在学习算术时，也要把习题、解题方法和答案之间联系起来；当我们思考问题时，神经元网络就会被激活，那些与所学东西相关的内容也会在其中发挥作用。比如，我对你说一个名人的名字，以比尔·克林顿为例，那么与这个名字相关的联系便会自动浮现出来——你可能会想起他的长相、他的声音、他的政治功绩、他的妻子希拉里等。而那些最先出现的信息，就是与这个名字联系最紧密的东西。

大脑中的相关性是通过单个神经元之间的联系建立的。为了成功建立联系，载有两个信息内容的神经元必须同时被激活。让我们设想一下，一个孩子在一个人的帮助下需要掌握字母 A。这位帮助者要在给孩子展示字母 A 的同时，读出字母 A。此时，代表字母 A 形象的神经元与代表字母 A 读音的神经元同时在孩子的大脑中被激活。这组神经元群由此就建立了新的联系。

就像我们在比尔·克林顿的例子中所看到的，人们会更容易、更快地想到那些相比于别的信息，和这一名字联系更密切的信息。从这条基本的规则出发，我们会发现，信息之间的关联性越强，它们同时被提起的频率就越高。当越来越多的联系被建立，神经元层面上的联系也在不断地加强，这样单个突触会释放出大量的神经递质，并由此产生更多的突触（见图 3-3）。

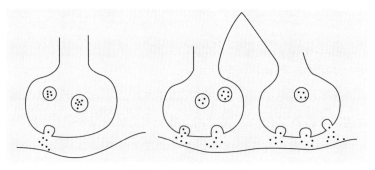

图 3-3　弱联系—强联系

字母 A 会与其读音之间建立更强的联系。这种联系是稳定的，而且也会维持很长时间，直到因为缺少复习而被遗忘。当读音和字符总是一起出现时，我们的大脑就会学习到，这两件事是一体的，并由此建立起承载着这些信息的神经元之间的联系。这种关联性会随着每次练习而更加强烈，并借此来对抗遗忘。但如果这种联系长时间没有被使用，它就会变得微弱，以至于被遗忘。

所以，我们在学习中的目标是尽可能地建立印象深刻的联系，并不断地进行复习，从而避免将其遗忘。

学习的成效

我们的思维能力是有限的

尽管我们的大脑可以储存大量的信息，但它只能有意识地调动其中的一小部分。基于工作记忆（也被称为短期记忆），我们可以对信息进行加工、联想、理解和更改。这种记忆的容量是有限的，它是因人而异的，一般来说是 5~9 个单位（比如说 5~9 个字母、数字、单词等）；记忆所维持的时间跨度也很短，几秒之后所记下的信息就会被遗忘，或者是被新接收的信息所覆盖。

为了能在大脑的细胞间建立稳定的联系，为了能把信息记下来，我们必须要下一番功夫。我们必须要思考，在心中不断地重复，形成对内容的想法，从而建立这种积极的联系。假设你在一场婚宴上，认识了五位新朋友。如果你只是倾听，那你会很快忘记大多数人的名字。你必须反复在脑海中背诵这些名字，同时观察这些人，进而把他们牢牢记住。在这个过程中，那些承载着"名字"和"相貌"两种信息的神经元一起被激活了,并且互相产生了联系。你与名字之间建立的联系越活跃,你就越能更好地记住它们。再比如,你可以想象梅塞里(Messerli)女士身上挂了一千把刀,就像是穿了一件"刀子裙"^㊀;而胡贝尔(Huber)女士看起来像你的老邻居,因为她们有着相同的名字;施密德(Schmid)女士有着强壮的手臂,所以你可以很容易地想到她手里拿了个锤子^㊁。

通过以上方式,你建立了各种联系,大脑中的其他区域也被调动起来和名字关联到了一起。当一个月后你再次遇到这个人时,她的名字和相貌之间的联系可能已经很微弱了。但幸运的是,关于强壮的手臂和锤子之间的联系还足够强烈,从而帮助你弥补了记忆的裂缝。

不仅是思维能力,人的专注力同样是有限的。一个孩子把注意力放在学习上的时间长度是随着年龄的增长而不断扩展的。根据科勒(Keller,2005)的调查,不同年龄段孩子平均的专注时长见下表:

不同年龄段孩子的平均专注时长

5~7岁	7~10岁	10~12岁	12~15岁
15分钟	20分钟	25分钟	30分钟

如果父母让孩子长时间地学习而且中途没有休息,那孩子不仅会感到疲倦,还会认为学习不仅让人筋疲力尽,而且很讨

㊀ 德语中的"刀"是"Messer"。——译者注
㊁ 德语中"Schmid"有锻工、铁匠的含义。——译者注

厌。他们会把这种厌恶感和学习联系在一起，认为学习是一件费劲的事。对此，父母会感到恼火，并且觉得孩子没有专心学习。其实，这个时候应该安排一段时间的休息，休息时间的长度要以孩子可以重新学习为止。

我给你的建议是，在特定的时间内做特定的事，然后稍事休息。每个小段的学时之间安排 5 分钟的休息。在两个学时之后可以安排较长时间的休息，大约 20~30 分钟。

短暂的休息不会打乱孩子的学习节奏，但是他不能利用这段时间去看漫画或电视，而是应该做一些可以再次中断而不会出现问题的事情。例如，在休息时间里可以做一些放松的小事：

看看窗外。
听一两首喜欢的歌曲。
聊一些轻松的话题。
闭上眼睛冥想一会儿。
喝点儿东西。

20~30 分钟的休息可以用来放松身心，我们也可以利用这个时间做一些让孩子愉悦的、持续时间较长的活动（比如，集体游戏、拼图、散步）。这里需要注意的是，这些在休息时间内所开展的活动被再次中断时，孩子是可以接受的。例如，父母同意孩子看电视，但半小时后又将电视关了，这是不对的——即便是成年人也很难接受这样的规矩。

不是所有的联系都能学得好

我们的大脑产生于进化之中，所以它善于学习某些东西。因此：

我们能够很好地记住人的相貌。
我们能够很快地理解对蛇和蜘蛛的恐惧。
我们善于学习新东西。
我们可以更好地学习那些激发我们强烈情感的东西。

我们的大脑旨在记住重要的信息

我们可以更好地记住重要的信息，但令人气恼的是，我们不能直接告诉大脑，什么东西对我们而言才是重要的，更确切地说，这是一种无意识的过程。其中贯穿着一条规则：那些能激发我们内心情感的或者新奇的信息会被判定为重要的信息。而这些内容我们就可以更好地记住。

所以，也许你仍然记得，2001年9月11日那天，当你听说或者在电视上看到那场发生在美国世界贸易中心的恐怖袭击时，你在哪里以及和谁在一起，而在2001年10月10日，你却几乎什么也想不起来（除非那天是你的生日或结婚纪念日）。也许你还会发现，你能很好地记住那些你觉得很喜欢或者特别讨厌的人的名字。当然，对你来说最有可能的是，那些最能引起你兴趣的事，你会记得最牢。

这对于学校里的学习意味着什么？一方面，这会是一个巨大的助力,让孩子对学习资料产生兴趣,并激发他学习的主动性。另一方面,这也意味着,经常性地复习和主动地处理所学的知识也是学习中不可缺少的部分。

然而,小学教材并不适合用来激发强烈的情感。孩子要熟记乘法表、拼写规则或字母,这确实是一项艰巨的工作。它不可能激发所有孩子的学习热情,所以也没有办法被轻松地记住。

关于大脑的工作原理,我们就介绍就到这里。如果你还想了解更多内容,我推荐你阅读一下精神病学家曼弗雷德·斯皮策(Manfred Spitzer)的精彩著作《学习》(*Lernen*)。基于以上所介绍的知识,我们现在可以得出一些对学习有帮助的结论。

优化记忆的建议

复习可以加强我们大脑中神经元的联系,帮助我们记住重要的事情。然而,有效的复习并不是一件简单的事情,并且往往会在开始时就误入歧途。当你在练习中重视了下列规则,那么你的孩子将取得快速的进步。这个规则就是,新学的内容必须要尽可能地长时间地保存在工作记忆中,并且需要对它进行加工,以便它能够长时间地保存。那么,在实践中该如何运用呢?

让我们看下面的两个例子。拉赫尔要记住乘法口诀,她的妈妈给她出了下列练习题:

$$5 \times 5 = \qquad 6 \times 7 =$$
$$3 \times 9 = \qquad 2 \times 2 =$$
$$4 \times 4 = \qquad 9 \times 7 =$$

这种练习题结构是不合适的。拉赫尔需要努力地算出每个算式的答案，但紧接着她又会忘记一大半。这样的过程，有助于测试拉赫尔是否掌握了这一系列运算，但对她的学习并没有帮助。

当拉赫尔的妈妈按照以下方式安排练习题的结构，那么拉赫尔便能更好地记住各道算术题的答案：

$$2\times7=\qquad 3\times7=$$
$$4\times7=\qquad 4\times7=$$
$$2\times7=\qquad 3\times7=$$

这里有三道与数字 7 相关的乘法运算被反复练习。因为相同的运算在短时间内不断地重复，当相同运算出现时，与其对应的答案还保留在拉赫尔的工作记忆之中，所以她能够牢牢地记住答案，随着时间的流逝，它们就会转化成长期记忆。到了第二天，两种不同的训练方式所带来的效果高下立判。在第一种不合理的练习题安排下，拉赫尔毫无长进；而在第二种练习方法中，拉赫尔可以记住两道，甚至三道习题的答案。

所以，你只需投入一点儿精力安排好孩子练习题的结构，那么练习就可以取得翻倍的效果。

也就是说，如果拉赫尔的妈妈每次多给她一点儿时间来复习运算结果，那么她就会记得更牢些。

妈　妈：3×7 等于多少？

拉赫尔：21。

妈　妈：没错，3×7 等于 21。

然后暂停一下，让拉赫尔在脑海中再复习一遍刚才的答案。

妈　妈：2×7 等于多少？

除了经常复习，在大脑中建立的不同联系也可以帮助我们更好地记忆。

我们越是能够成功地将新知识和之前已经掌握的知识联系起来，建立更多的联系，那么我们利用这些联系来记住所学新知识的概率就越大，大脑也因此形成更多的联系。这也意味着，在现实生活中，例子和那些包含了众多含义的信息都能帮助我们更好地记住所学的知识，这一点在学习课文的时候尤其明显。

假设拉赫尔在课堂上要阅读和学习各种有关"人类"这一主题的课文，而她只是简单地把课文通读 5 遍，这种方法是非常不合理的，因为这种被动的学习方式根本不利于建立联系。

相反，合理的学习方法如下所示：

1. 拉赫尔先慢慢地把课文读上两遍。
2. 然后再逐段向妈妈解释她刚刚读过的内容。
3. 母女两人画一幅关于课文内容的思维导图（这是一种特殊的学习技巧，借助它可以把学习内容用图形表现出来），拉赫尔还可以找一些例子，或者自己思考老师会在课堂上提出哪些问题。

通过这种学习方法，拉赫尔可以更积极地运用学习素材。她不仅进行了阅读，还解释了她所读到的内容。这种方式激活了她大脑的其他区域，拉赫尔也学会了用自己的话复述学习材料，形成自己的知识内容。妈妈可以检查一下女儿对所学知识的理解，这样可以和她一起填补知识漏洞。通过绘制思维导图、举例子以及思考老师可能提出的问题，大脑中会形成新的联系从而强化记忆。这种对文章的思考会促进更深入的大脑加工。

在这个过程中，拉赫尔学会了把学习变成一个主动的过程，而随着时间的推移，她就可以自己掌握这一学习方法。

交替安排可提高记忆效能

如今很多研究表明，经常地交替学习内容可以提高孩子的专注力，并改善他们的记忆效能，同时还可以延缓孩子的疲惫感。这意味着，在现实生活中与其安排孩子每周一做阅读、每周二准备算术测验、每周三练习听写，倒不如安排他每天花10分钟练习阅读，并把准备算术测验和听写都分配到三天当中。另外，如果每项学习任务后能加入一个短暂的休息，那么孩子的专注力将再度有所提高。作业和课外练习可以按照以下顺序进行安排：

练习 15 分钟算术。
短暂地休息一下。
做练习册。
完成阅读任务。
休息较长一段时间。
做算术题。

掌握代替了解：为什么掌握基础知识如此重要？

我们不仅要了解，还要掌握很多基础知识，如加法运算、乘法表、字母顺序以及拼写规则等。如果我们只是了解了拼写规则，并不能熟练地运用它，而且还没有掌握它，那么我们必须要面对很多不利的因素。

当我们有意识地思考这些知识时：

我们的解题速度会变慢。
我们需要更强的思维能力。
一旦注意力分散到别的地方，我们就会犯错。

当你听见下面这样的话，你就需要注意了，可能你的孩子还没有充分掌握这些知识：

他本来是会做的，但他就是做得太慢。
在家做练习的时候她还知道大写的拼写规则（在德语中，名字是需要大写的），但一到写作文时又全都写错了。

正如我们在本章一开始提到的，我们工作记忆的容量是有限的。同一时间内，我们只能思考很少的东西。因此，一个刚刚学会大小写拼写规则的孩子是需要时间来思考这些规则该如何应用的。而当他把注意力放在作文的内容上或者在听写时过于紧张，他最初对规则的关注就会发生转移，他的拼写错误也会再次出现。

借助于现代技术，我们可以观察到，在我们思考的时候，大脑中会发生些什么。下面的图片十分有趣（见图3-4）。

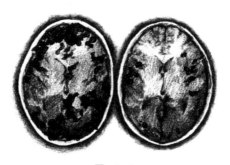

图 3-4

在左图中，我们能看到一个人的大脑活动状况（黑色部分）：这时的大脑是理解了一个任务，但还没有学会很好地运用它。而右图则向我们展示了一个人熟练掌握该任务时，他的大脑的活动状况：显然它只激发了极少的活跃区域，这样他空余的大脑区域就可以去做其他的任务。你还记得自己学车时的场景吗？其中最难的就是要把所有的东西都考虑到：脚要踩着离合和油门，要换挡，要看后视镜，要注意交通指示牌，等等。可能那场驾照考试对你来说已经过去很久，在这些年里你已经熟练掌握了开车——在开车的过程中，你不仅知道你必须要做什么，而且可以不假思考地运用它。而那些空闲下来的大脑区域便可以任由你安排，比如，你可以在驾车途中和伴侣聊聊天或者听听广播。

如果孩子能熟练掌握阅读、书写和算术方面的基础知识，并且能够得心应手地运用，那么他大脑中将有足够的空间被预留出来，可以用于进一步的思考和练习。这对孩子来说是一个巨大的优势。当孩子有意识地运用一些规则时，父母很容易就认为他们已经掌握了这些规则。（比如，"这一点你已经懂了，那么让我们继续吧"。）在后续针对各个科目的练习中，你会找到一些方法，它们能够帮助你的孩子将所学知识进行练习并达到熟能生巧的地步。

一般来说，我们的大脑通过例子进行学习，每个规则需要通过很多例子来将它自动地转化为掌握的知识。随着时间的流逝，这些规则就会内化成为我们自己的东西，我们再也不用花心思去思考它了。

及时复习以减少工作量

很遗憾，我们总会忘记所学过的东西。为了避免这种情况发生，我们必须要复习。但通常我们总是复习得太晚，这一点也是我在自己身上不断发现的。在努力地进行复习之前，我总是喜欢把所有的东西先通读一遍。在复习学位考试的那段时间中，我做到了及时复习，并因此节省了很多时间。在阅读中的及时复习，是指我们在阅读时先读一段，再描述一下刚才读过的内容，以此来弥补疏漏的地方，然后再读下一段；第二天再简单检查一下自己是否记住了全部内容，在继续阅读之前，我们要把所有的漏洞都补上。

如果你与孩子一起学习，那么在开始新的内容之前，最好先复习一下前一天学过的内容。周末应该只安排复习，而不必学习新的知识。复习的间隔时间越长，中间忘记的东西就会越多，因此又要重新学习，这一过程可见图3-5。

第一个学生（见图3-5a）隔了很长一段时间才开始复习，那么他每次都要重新再学习很多新东西（虚线条），因为他几乎忘记了所有东西，看起来什么也没记住，所以他感到了沮丧和挫败；而第二个学生（见图3-5b）只需要很少的时间进行复习，他会觉得："这个我会！这个我会！哈，这个我知道，这个我要再看一下。这个我会！"他不认为复习是件麻烦的事，并最终省下很多时间。

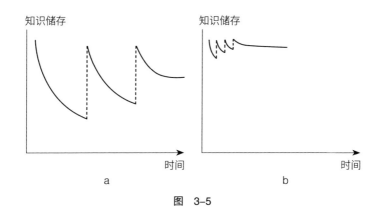

图 3-5

利用卡片盒复习

如果需要把加法口诀、减法口诀、乘法表、除法表或是字母和词汇这类的知识熟记于心,那么莱特纳(Leitner)的卡片盒记忆法无疑是一种高效且有用的方法。

这个卡片盒是一个带有五个以上隔层的长方形盒子,你可以自己制作(比如用鞋盒等),也可以在文具店里买(见图3-6)。此外,你还需要准备标准尺寸为A7的纸张,并在上面写下孩子有困难的算数口诀,或者记不住的单词。通常父母的字迹比孩子的好看很多,这个时候,你可以和孩子分担一下书写卡片的任务,这会让孩子觉得你们真的就像是一个团队在工作。好看的字迹非常重要,因为它能帮助孩子记住卡片上的内容。请在卡片的正面写算式(如6×6),再在背面写上答案。

图 3-6

如何使用卡片盒？

拉赫尔的妈妈打算和女儿一起学习简单的乘法运算。她知道，把学习拆分成小任务和规律性的复习对孩子取得进步是非常重要的，她在学习中也用上了卡片盒。拉赫尔的妈妈是这样做的：

周一，她和拉赫尔一起练习了四道关于 2 的乘法运算题，分别是 1×2、2×2、3×2 和 4×2。她把这些算式清楚地写到卡片上，并且和拉赫尔一起练习，直到 5 分钟之后，拉赫尔可以迅速说出这四个算式的答案。她的妈妈将这四张卡片放到了第一个隔层中。

周二，妈妈首先带孩子复习一下这四个算式。拉赫尔可以轻松地说出其中三个的答案，那么这三张卡片就被转移到了第二个隔层。在面对 4×2 这道题时，拉赫尔需要思考一下，所以妈妈这次只增加了三个新的算式，分别是 5×2、6×2 和 7×2。她之所以这么做，是因为她并不想给女儿增加负担，同时也不超过既定的 10 分钟训练时间。拉赫尔在 8 分钟后正确地报出了这三个新算式和第一个隔层算式的答案，于是妈妈把这三张新卡片放在了第一个隔层。

周三，首先要复习第二个隔层中的算式，然后是第一个隔层。拉赫尔这次已经掌握了所有的算式，那么这些卡片就被放到了第三个隔层。妈妈又补充了三个新算式：8×2、9×2，以及和3有关第一个算式——2×3。在拉赫尔掌握了这些算式之后,它们被放入了第一个隔层。

周四,首先从第三个隔层开始,然后依次复习第二个和第一个隔层里的所有卡片。而已经被拉赫尔熟练掌握的卡片被移至第四个隔层,而其中拉赫尔还需要思考的两个算式就被放回到第一个隔层。因为今天的复习已经占用了3分钟,所以拉赫尔的妈妈在那两个还没掌握的算式上只加了一道新的算式:3×3。

周五,拉赫尔可以休息。周六和周日只用来复习之前学过的内容,那些已经被掌握的算式卡片都放入了第五个隔层,暂时就不用再复习了。

通过周末的复习,到了第二周的周一时,只剩一张卡片还在第一个隔层里。妈妈增加了三道新的算式题,即4×3、5×3和6×3。到当周的周末,拉赫尔已经能熟练掌握与2和3相关的乘法运算了。在周末,所有的算式都需要再复习一遍,包括那些放在第五个隔层里的算式卡片,其中那些拉赫尔还没有完全掌握好的卡片被重新放回到第一个隔层。而那些现在能放在第五个隔层里的卡片,也就是拉赫尔在复习中掌握得不错的算式,就可以从卡片盒拿出来,用橡皮筋捆好放在一边。几周后拉赫尔和妈妈再将这些卡片复习一遍。

拉赫尔和妈妈继续练习。四周之后,拉赫尔已经可以掌握与2、3、4和5相关的乘法运算了,她为自己的进步而欢欣鼓舞。

第五周,妈妈取出卡片盒里所有的算式卡片,打乱顺序,让拉赫尔来复习。这次又有五张卡片被重新放回到第一个隔层中。而其他卡片则被拉赫尔完全掌握，把它们放到旁边即可。

拉赫尔的妈妈充分利用了卡片盒，因为她注意到了几个可以利用卡片盒来提高学习效率的关键之处：

她每次总是先从复习开始。

她只安排适量的新算式题，以确保把练习时间控制在 10 分钟以内。

她把拉赫尔已经掌握的第五格中的算式卡片及时取出，以防止卡片盒变得越来越满。

在较长的一段时间后，她会和拉赫尔重新复习一下全部学过的算式。

使用卡片盒练习的问题

利用卡片盒学习有时也会效率低下。下面是使用卡片盒学习时最常犯的错误。

卡片盒塞得太满

很多孩子和父母要么用一个已经装满的卡片盒开始练习，要么就是把卡片盒渐渐地越塞越满。卡片盒中的卡片越多，要找到一张用来复习的卡片所花的时间就越久。因此，要把学习内容划分成小的区间，以便可以经常复习，这也是利用卡片盒学习的最突出的优点。要注意，在前四个隔层中放入的卡片一共不要超过 15 张。如果里面有了过多的卡片，你就需要安排出一天的时间只用来复习，而不能再放入新的卡片。

不定期使用卡片盒

只有定期使用，卡片盒才能发挥作用。如果每周只利用卡片盒进行一次一小时的练习，那么它并不能起到及时的复习效果。

让孩子自己写卡片

如果孩子的字迹并不好看，那么首先就会出现一个问题：这些难以辨认的字迹很难被人记住。我经常要求孩子在学习训练的时候把他们的卡片盒带过来。而这些卡片盒不仅被塞得满满的，还能在里面找出不少的错误。在一个英语很差的男孩的卡片盒里，几乎每三张卡片就能发现一处拼写错误。作为父母，你要时不时地检查一下孩子的卡片盒，并且考查一下他是否可以正确地使用卡片盒，这种做法将有助于孩子的学习。

使用卡片盒练习的优点

可以使孩子的进步清晰可见，并且使他获得成就感。

没有掌握的学习内容可以经常复习，直到孩子熟练掌握为止。

已经掌握的知识不需要过度地复习，从而避免不必要的练习。

通过这种有效的复习,孩子可以把学过的知识记得更牢。

从卡片盒取出的卡片可以随时拿出来,用于再次复习。

现在让我们将关注点放到各个科目上。在后面的章节中,你会了解到帮助孩子克服算术、阅读以及书写方面的困难的方法。

MIT KINDERN LERNEN
KONKRETE STRATEGIEN FÜR ELTERN

计算困难是如何产生的?

漏洞分析:困难是从哪里开始的?

针对每种漏洞的练习

用简单的步骤来计算

04

计算困难是如何产生的?

不同的天赋

学校里的孩子自身条件各不相同,他们的智商千差万别,所以在算术这一领域所具备的天赋也各有高低。有研究表明,"算术方面的欠缺"是由各种因素造成的。除了心理、社会和情绪因素之外,遗传因素在其中也起到了重要的作用(更多内容参见 Simon & Grünke,2010)。按照孩子最初的水平,他会在学校学习刚开始时表现得更轻松,或是更吃力。

练习不足——基础知识无法自我转化

如果一个孩子缺少天分而且疏于练习,那么他的算术问题就比较严重,从而造成了他学习的疏漏,而这些问题也会给其他类型的练习带来负面影响。比如,当一个孩子还没有掌握好十以内的加法运算,或者还没有通过训练达到能够准确且快速地报出答案的水平时,他在一百以内的加法运算、笔头的加法[一]和乘法运算等方面的成绩也可能会不够理想。

有相关问题的孩子必须要比他的同学更加勤奋,但通常情况却恰恰相反。因为这些孩子在课堂上反应比较慢,所以他做的练习题就比别人要少。在练习口算时,他们容易走神,而且跟不上节奏。和其他孩子相比,这些孩子完成作业更加困难,花费的时间也比较多。所以,他们通常早早就选择了放弃,并且抄写其他同学的作业。

同时,各种各样的教学改革也导致了练习的不足。随着时间的推移,学校改变了之前借助毫无意义的教材所进行的填鸭式教育。如今,教学的重点在于明白和理解。这种方向上的转变是很重要的,而且很有意义,但它却忽略了一个问题:学习意味着理解,但要想实现这一目标,针对基础知识和基本技巧的记忆和训练是必不可少的。

一个人只有把所有的字母熟稔于心,并且可以快速和准确地阅读,他才能更好地理解文章内容。如果一个人总是考虑一个词语的读法和含义,那么他就不会关注老师讲解的内容。就像人们不会期待一个不识谱的钢琴家能演奏出一段莫扎特或贝多芬的作品一样。在算术方面也是如此,只有将基本的技能熟练掌握,不假思考就能脱口而出,才有可能取得优异的成绩。

因此,背诵和熟练程度的提升、理解与创造性思维之间并不矛盾,相反,前者是实现后者的前提条件。

[一] 竖式加法。——译者注

孩子所遇到的困难可能是不合适的学习资料或者他在基础技能方面练习得不充分导致的。你会发现，孩子做题的速度太慢了。本章练习关注的是对孩子熟练程度的提升，它将帮助孩子更快地反应以及夯实一些基础技能，使他不会在未来被更复杂的学习任务所困扰。

无效和错误练习

无效和不正确的练习方式会导致算术方面的困难增加。因此，在学习算术的过程中，如何实现有效的练习尤其值得关注。如果一个孩子在这方面做得不好，那么他可能会犯下许多错误。那么，父母该注意些什么呢？

下面将列举一些最常见的错误，并且会向你介绍避免出错的方法。

总是为了下一场测验而学习

大多数情况下，父母总会和孩子一起为了准备下一场考试而学习。如果孩子长期以来在算术方面存在困难，那就说明他在这方面出现了知识漏洞，而造成这个漏洞的原因可能早已存在。让我们看看，在下面这个例子里发生了什么。

弗洛里安即将要迎接一场数学考试。本次考试的重点是乘法笔算。为了弗洛里安这次"能考个好成绩"，他的爸爸已经替儿子准备了几张练习题。尽管弗洛里安每天晚上都训练半个小时，这次考试他还是不及格。对此，他的爸爸简直不能理解，因为明明他们已经做了那么多的练习。

在咨询的过程中，这位爸爸说出了他的无奈以及他对儿子成绩的失望，他尤其强调，他们做了那么多的练习，而弗洛里安只考了这么点儿分数。其实，这次算术测验已经证明了，爸爸准备的那些练习题对弗洛里安来说毫无意义。虽然弗洛里安学会了乘法笔算中必要的运算步骤，但他在加法运算和乘法运算方面还是很吃力。

我们是否能快速而准确地进行乘法笔算，取决于我们是否掌握了相应的基础技能。当弗洛里安做乘法题（如 235×25）时，在最后一步的加法部分，他还需要掰手指头或者在乘法表中慢慢累加（"5乘以5，嗯……5，10，15，20，25"），可见，他并没有掌握和5相关的乘法运算。如果说弗洛里安在家的时候，还可以用这种费时的方法进行计算，那么在面对考试规定时间的压力时，这些方法就行不通了。

于是，爸爸同意先和弗洛里安一起练习十以内的加法和乘法。一段时间后，弗洛里安取得了进步，并且逐渐收获了自信："我可以做到！"实际上，过多的乘法笔算练习对弗洛里安而言并无益处，因为他已经知道了那些运算步骤，只是缺乏必要的基础知识罢了。所以，在不恰当的地方努力，是不可能有所进步的。通过本章中对问题的分析，你会知道要从哪里开始努力。

没有认识到错误的方法，它依然存在

由于孩子使用了错误的计算方法，而老师和父母并未及时发现，所以他的学习停滞不前。其中两个最常见的错误方法就

是：在进行加法和减法运算时的进位和退位，以及在乘法运算时的相加。当有的孩子还只会用掰手指来做计算题的时候，其他孩子已经学会了不再借用辅助工具和手指做计算题，或者他们已经掌握了心算。

随着时间的推移，大多数孩子会舍弃借用辅助工具和手指做计算题的方法，但有些孩子仍在使用。他们在进行加减法运算时会自然地采用这种方法，渐渐地，这些孩子也会很熟练地运用这种方法。而一旦运算范围超出了10，这些方法就失效了，这些孩子会比那些把算术结果早已牢记于心的同学计算得慢得多。因此，我们必须要在练习时帮助孩子改掉这种错误的计算方法。

让我们看下乔纳斯的例子。目前，他还是用手指来辅助算术，解题速度很慢。而那些善于算术的孩子，已经把算式和答案都记在心里了。

乔纳斯的妈妈要求乔纳斯每周练习三次，利用半个小时来做一页练习册。因为这是书面作业，所以他仍然用他的老办法来做题。但我们希望的是，乔纳斯能够采用新方法，而不是用手指去数数。因此，我们要考虑如何才能帮助乔纳斯舍弃他的那种已经熟练掌握的方法，而采用一种新的、更有效的方法，这个方法也在许多探讨"算术弱点"的书中有所提及（参见Born & Oehler, 2008；Jansen & Streit, 2006）。

采用这种方法，孩子是不能去数数的，因为他们没有时间这么做：

格罗利蒙德（德）：乔纳斯，你看，我这有三张写着算式的卡片。正面是算式，背面是答案。我希望你可以直接把你记得的答案告诉我，而不用数数。如果你不知道答案，那我会直接把卡片翻过来并告诉你。准备好了吗？那么现在开始，3＋4等于？

乔纳斯（乔）：（有点儿为难）……

德：别紧张！你看，等于7。（停顿一下）那我们现在再来一遍，3＋4等于？

乔：（想数数了）

德：7。（停顿一下）让我们再来尝试一下，3＋4等于？

乔：7。

德：非常棒，3＋4等于？

乔：7。

德：很好，现在让我们换一个新卡片，2＋6等于？

乔：……

德：看，等于8。那么，2＋6等于？

乔：8！

德：真棒，那么，3＋4等于？

乔：（脱口而出）7！

德：太棒啦！

通过这种方法，乔纳斯成功地在5分钟内记住了四道算术题和它们的答案。他为自己的成功感到骄傲，并且表示他愿意在每天晚上睡觉前和妈妈一起再学习2~3道新算术题，并复习之前学过的内容。由于十以内的加法算式只有 45 道，所以，几周之后乔纳斯的学习进度就超过了他的同学们。而且从此以后他也喜欢上了算术。

乔纳斯应该意识到，他之所以成功是因为他把已经验算过算式的答案都记在了心里。一旦满足了这个条件——采用了正确的算术方法，他的进步就指日可待。

没有发现错误的运算步骤

如果孩子的运算步骤出现了错误，那么训练也是无法获得成功的。有时，父母和老师会忽视孩子的计算过程。他们认为，计算的错误总是与粗心大意有关。但实际上，很多时候是因为孩子使用的是一个错误的算术规则。那么，我们如何了解孩子的运算过程呢？

解决这个问题出乎意料地简单：你只需要知道，当孩子计算时，他的脑子里在想什么。你可以要求孩子，让他把自己所有想到的东西都说出来，并且反复询问他，他是怎么做运算的。

比如，西蒙的妈妈想知道，为什么她的儿子在两位数加法的计算上没有任何进展。而他之前的算术却是又快又好。一旦他遇到一百以内需要进位的加法运算（例如 19 + 28），他就会出现一堆错误，即使通过大量的练习也没有改善。于是，我们交给西蒙一些数学题让他计算，并要求他在计算的同时把自己的思路大声地说出来。问题的症结很快就清楚了，之所以那么多练习都是无用功，是因为西蒙根本不清楚要怎么把这些数字加在一起。以 19 + 28 这道题为例，他把十位数和个位数上的数字随意排列，然后加在一起计算：1＋8=9，9＋2=11，最后得出答案 20。

从这个例子可以看出，西蒙所犯的并不是一个简单的粗心错误，而是一个系统性错误。他对运算步骤的正确顺序并没有理解。可以说，这样的练习也是有害的——西蒙总在练习中重复这些错误的运算步骤。因此，我们首先要借助合适的教材来帮助西蒙理解十位数和个位数的区别，然后再转向口头训练。具体的练习安排如下所示：

1. 妈妈先大声地说出几道算术题的解题思路，西蒙跟着重复。
2. 西蒙自己解题，并大声说出他的思路。妈妈需要注意，他的运算步骤是否一直都是正确的。
3. 西蒙借助例子在纸上写下他的运算步骤。
4. 最后，西蒙可以先借助草稿纸来解题，然后在没有任何事物帮助的情况下独立解题。

如果你的孩子在这方面也遇到了瓶颈，那么你可以采取这种将解题思路说出来的方法。如此一来，你可以清楚地分辨，你的孩子是犯了粗心大意的毛病，还是弄错了运算步骤。

基于困难造成的情绪问题

如果孩子在算术这方面有困难，那么大多数情况下，不合理的练习会滋生出孩子的情绪问题，从而使孩子的学习变得更加艰难。

学习过程中遇到困难的孩子需要更多的：

表扬

鼓励

被肯定的经历

成就

证明其努力是值得的

以及更少的：

批评

失望

挫败

消极的反馈

但通常来说，往往事与愿违。这些孩子沉浸在负面的情绪里，问题也变得越来越严重。

良性和恶性的发展

下面这张简图（见图4-1）展示了一种良性的发展状态。这是一个天赋不错的孩子，他能够感受到自己的能力，所以也愿意进行练习。正因为他能跟得上课堂的节奏，所以练习题的难度和他所掌握的知识水平是相匹配的——这样的练习对他来说是合适的。而成功的经验增强了他对算术这门科目的好感。

与此相反的是，算术有困难的孩子通常会陷入恶性循环。他本身的弱点会使他练习的习题量偏少。随着时间的推移，这个孩子在这方面出现了学习的漏洞,而当前的教材又缺少对前期知识的关注,所以练习对这种孩子来说是不合适的。这些失败的经历让他越来越不喜欢算术。他觉得自己毫无天赋,并且尝试逃避。(见图4-2)。

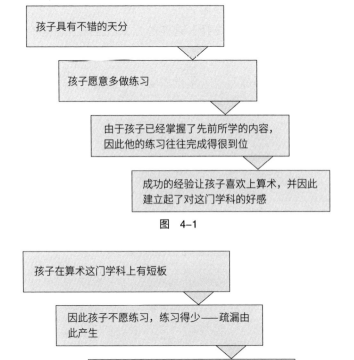

图 4-1

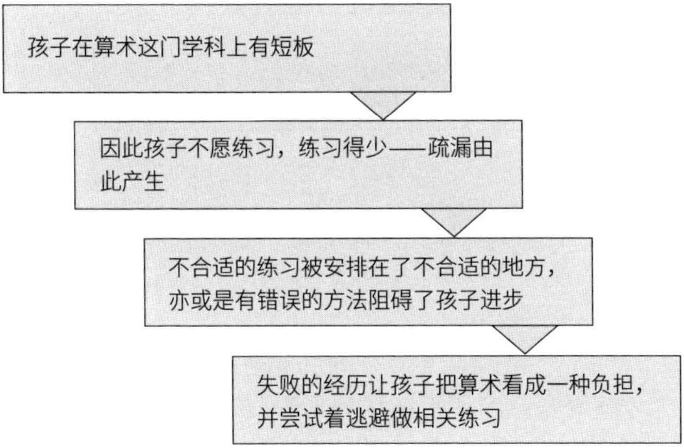

图 4-2

这种发展趋势并不是不可改变的。如下一个例子所示（见图 4-3），如果人们能够对这个问题做出正确的回应，那么改变这种趋势还是可能的。虽然孩子在算术方面遇到了困难，但是他的父母和老师及早地意识到了这一点，并给他安排了有效的额外练习。经过努力，这个孩子也可以跟得上学校的进度，弥补了他在学习中的遗漏之处，这样的练习对他来说也是恰到好处的。尽管孩子在这方面存在困难，但凭借着那些按照孩子的知识水平所设计的练习题、父母的支持和鼓励，以及恰当的训练安排，他最终还是收获了成功。孩子赢得了自信，并且感觉算术课变得更有趣了。

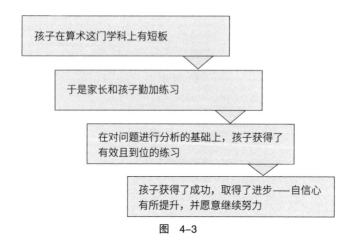

图 4-3

一个在学习上有困难的孩子，无法做到同一个有算术天赋的孩子一样厉害，但如果能找到正确的应对方法，那么他在这方面的不足也可以在很大程度上得以弥补。

漏洞分析：困难是从哪里开始的？

接下来我们将探讨一个问题：你作为父母是如何判断孩子的学习漏洞的？本章所谈到的漏洞分析会帮助你找出孩子学习中的疏漏之处，并通过相应的练习加以解决。首先，你将看到一份关于这个测试的大致描述，然后是各个测试题目和相对应的练习。

流程如下：

通过基本的运算规则你会一步步地发现孩子的学习漏洞。如果你的孩子能快速解决第一步的任务，那么他就可以继续完成下一步（具体判断标准请参见单个测试项目的要求）。如果他在这个过程中出现了困难，那么请中止测试，并和孩子就这一步进行练习，直到他可以完全地掌握。然后就这一步再进行测试，如果没有问题了，就继续下一步。也有一个孩子在某一步运算上很吃力，但后面的过程却很顺利的情况，比如，孩子在加法运算时出现了问题，而他在乘法运算时却很顺利，这种情况是比较少出现的。而那种孤立出现的学习漏洞通常可能是因为那段时间孩子没法在学校学习，比如因为搬家或者生病而长时间缺课。

漏洞分析并不是一次考试

许多孩子在面对与考试类似的测试时，他们的数学问题会因为压力而变得更加严重，因为他们担心会继续犯错。为了让孩子觉得漏洞分析的测试和考试是不相同的，我们可以通过下面的方式来帮助孩子做好测试前的准备："斯蒂芬妮，你之前说过，你想提高自己的算术水平，那么为了取得进步，我们可以先看看，你在这方面已经掌握了什么，在哪方面比较吃力。我给你出几道算术题，但我不想让你为此给自己太大的压力。"

为了消除孩子的畏难情绪，可以在最开始时设计一些简单的测试。这类测试题对孩子来说是没有问题的，孩子会从中收获成功，并且也可以让他了解他所掌握的知识点。这样，即使在测试过程中出现了第一个困难，当你中断测试时，它也不会带给孩子过大的压力。在测试之前，让孩子明确他所掌握的知识和即将要测试的内容，会激发他学习的积极性。

假设，在十以内的减法运算中，孩子遇到了第一个困难。我们可以这样做："好的，那我们先停一下。十以内的加法你掌握得不错，当时我们用乐高积木所做的那些练习你也做得很好。那我们这次也可以用这个方法来做减法练习，它可能会有点难，但我相信你很快就能掌握它，就像之前的加法一样。"这时，要告诉孩子，我们要采取什么方式练习，同时要关注他所取得的第一个成功。随后，我们要问问孩子，他是否愿意每天用这种方式练习 10~15 分钟。

自动转化和灵活运用

正如我们在第三章所提到的，如果孩子能在学习方面发生自动的反应，那么就可以帮助大脑释放更多的空间，让孩子有机会了解各种不同的习题类型。因此，在不同的习题练习之前，把运算法则或是运算步骤先转化成掌握的知识是非常有意义的。为了让孩子产生学习的自动反应，可采取以下的习题方式：

始终采用相同或者看起来相似的习题。
始终采用需要相同或者相似步骤解答的习题。
不要包含导致注意力分散的信息。
经常性地重复。

而为了提高做题的灵活度，采取的练习试题类型则与之相反，如下：

采用不同类型的习题。
采用运算方法不同的习题。
采用需要孩子自己找出重要信息的习题。

许多现代的教科书，比如算术练习册，几乎只提供第二种类型的练习题。你会发现，几乎每开始新的一页，你就必须要思考如何来解题。上面的题型丰富多样，运算的步骤也各不相同，孩子也要不断地去寻找相关的信息。对于有天赋的孩子来说，这种不断变化的题型会给他们带来乐趣，但有算术困难的孩子却恰恰相反，他们只会感到困惑和挫败。只有当他们理解他们需要做什么，并且感觉到有把握时，才会要求去尝试新的题型。

如果你的孩子学习很吃力，那么他需要加强对第一种类型习题的练习。由于市面上的算术练习册和其他新的算术书都更倾向于提高做题的灵活度，因此，在这本书中，我将重点关注对习题的理解以及对基础知识的熟练运用。它们会帮助孩子掌握基础的技巧，提高做题的速度，同时还能让他感到有把握。你首先要让孩子熟练掌握每一个运算步骤，然后借助学校课本里的习题来训练他灵活运用知识的能力。

表4-1 漏洞分析概览

测试题	内容
测试1	理解数字和数量的含义
测试2	理解自然数列的含义
测试3	十以内的加法
测试4	十以内的减法
测试5	非十进制的一百以内的加减法
测试6	十进制的一百以内的加减法
测试7	乘法和除法（乘法表和除法表）
测试8	笔算

针对每种漏洞的练习

测试1：理解数字和数量的含义

孩子在数学科目中首先要掌握的是对数字和数量的基本理解。他必须要认识1~10，并且能够说出一组物品的数量。当物品总量少于4时，他应该脱口而出，而不用去计数。

为了检测孩子是否理解了数字和数量的含义，可以用小木块或乐高积木设计一个简单的测试环节。你可以让孩子按照你的要求取出规定数目的积木。例如："请分别给我拿出3块、7块、5块积木。"

第二个测试要难一些。把少量的积木排成一排，注意这个过程不要让孩子看到。然后把积木展示给孩子，问他总共有多少个。对于数目大一点的积木，孩子可以通过数数来给出正确的答案。

测试

请依次给我 3 块、7 块、5 块乐高积木。

这里共有多少块乐高积木（4、2、3）？

这里共有多少块乐高积木（9、7、8、6）？

我的孩子能做到：

取出正确数量的积木。

无须计数即可准确说出 4 块以下积木的数量。

可以正确地数出 6~10 块的积木。

如果你能在以上三个方框中全部打钩，那么就可以进行第二个测试。如果不能，那么下面的练习将帮助你的孩子建立对数量的理解。

理解数字和数量的练习

用游戏的方式可以更好地提升孩子对数量的理解。与前面的测试一样，你仍旧可以借助乐高积木或小木块进行练习。

你可以在孩子面前摆放 1~10 块积木，并且问他，他面前共有多少块积木。为了让这个练习的形式更加多样，你也可以让孩子来摆放，然后让他说自己放了多少块积木。

在下一步的练习中，你可以在原有练习的基础上扩展一下，不要让孩子看到摆放积木的过程。比如，用一块布把积木盖着或者让孩子把脸转过去。如果孩子可以在看到积木的一瞬间就报出它的数量（4或5块以内的积木），那么此类练习就可以结束。(见图4-4)。

图 4-4

测试2：理解自然数列的含义

科学研究表明，我们的大脑是通过数线的形式来认识数字的。这使得我们可以立即判断出50比35大。因为在我们眼中这些数字是依次分布在一条直线上的，我们可以看到50和35各自在数线上的位置。如何构建出对数线概念的想象，对成年人来说取决于他们在这方面练习的程度以及个人天赋的高低。

你的孩子应当能够很好地认识自然数列，也就是说，他无须思考或者不用通过有意识地计数就可以回答，两个数字中哪个更大一些，或者某种排列顺序下，某个数字的前后各是什么数字。但孩子的这种能力不是自然而然产生的，他需要时间来构建关于数字范围的概念。这个概念形成后，孩子就可以又快又好地回答相关的问题。父母还可以比较一下，认识自然数列和认识字母序列的难度，比如，在"Q、S、V前后的字母各有哪些?

为了检测孩子是否已经充分掌握了自然数列,你可以向他提出类似下列的不同问题:

3 的后面是哪个数字?
5 的前面是哪个数字?
9 跟 7,哪一个数字更小?

你的孩子需要在一秒钟之内回答上述问题,答案应是脱口而出的,它的速度就像子弹从枪里射出来那样快。只有这样,才能说明你的孩子已经构建了从 1~10 的数线想象,而不需要通过计数来回答问题。同时,对数字的正确理解,可以帮助孩子对答案正确与否做出评估。

测试

分别有哪一个数字在 2、7、3 之后?
分别有哪一个数字在 9、3、5 之前?
5 跟 7、6 跟 4,哪一个数字更大?
9 跟 8、7 跟 2,哪一个数字更小?

如果你的孩子已经对一百以内的数字了如指掌,那么你可以继续以下的测试:

分别有哪一个数字在 23、77、38 之后?

分别有哪一个数字在 45、16、20、70 之前？

57 跟 62，哪一个数字更大？

28 跟 91，哪一个数字更小？

孩子在一秒钟之内：

能够说出，哪个数字在某一个特定数字的前面或者后面。

能判断山，哪个数字更大或者更小。

如果他可以做到上述两项，那么你可以跳转到测试 3；如果不能，那么请你和孩子继续完成下列关于自然数列的练习。

理解自然数列的练习

如果孩子对数字的范围没有形成足够的认知，那么下面这个练习可以帮助他建立一个心理上的数线结构。你可以借助卷尺来完成这个练习。针对十以内的数字，你可以截出卷尺上的 10 厘米作为辅助；而针对一百以内的数字，你就可以使用这整条卷尺。

先从一个简单的练习开始，让孩子寻找数字在卷尺上的位置：

16、97、33 分别在什么位置？

一旦孩子可以更快地找出数字的位置，并对它周围的数字比较熟悉，你就可以与他开展一场竞赛。你们双方轮流报数字，看看谁在卷尺上找得更快。如果孩子的速度已经相当快了,你还可以借助一些小物品来加大练习的难度。具体操作如下:首先,画一条一米长的直线,再准备两个小积木、棋子,或者其他类似的玩具;接着,你和孩子轮流报数字,当一方报出一个数字后,另一方估算这个数字在直线上的位置,并将积木放在预测的位置上,然后进行测量。你们可以把每次误差都记录下来,最后加起来。十轮游戏之后,谁的误差总数最少,估算得更准确,谁就获得了最终的胜利。

测试 3:十以内的加法

在十以内的加法运算中(算式的结果不超过 10),孩子要在一瞬间(一秒钟之内)报出答案。所以,孩子能否能将此类加法的答案牢记于心,并且熟练地从记忆中调动出来,就显得尤为重要。如果孩子用错了运算方法,比如掰手指数数或者在心里计数,那么他会在计算时需要更长的时间。如果你担心你的孩子有上述问题,那么你可以问问孩子,他到底是如何算出答案的,同时要求他把思考过程大声地说出来。如果孩子是通过错误的方式计算的,那么即使他的答案正确,也仍然需要进行本阶段的练习。否则一旦运算的范围超过了 10,他就会遇到困难。

本节的测试简单明了:先给孩子布置几道十以内的加法题目,注意观察他能否在一秒之内准确作答。

测试

1+2、3+4、6+3、4+4 分别等于多少?

孩子能够：

在一秒之内将答案报出来。

如果孩子能成功完成以上测试，那么你可以跳转到测试 4；如果不能，请你和孩子一起完成针对十以内的加法练习。

针对十以内的加法练习

以下的练习将帮助孩子学习十以内的加法和减法。通过这样的练习，孩子不仅可以避免使用错误的运算方法，也可以进一步理解数字的法则，并尽可能快地取得进步。

首先，我们要想想，孩子应该掌握的知识有哪些：他必须要理解加法的含义，并且可以将十以内的加法运算的答案铭记于心。十以内的加法总共包含 45 个算式，但如果我们能帮助孩子发现，类似 4 + 3 和 3 + 4 这样的算式结果是一样的，他就能够解决一些更简单的算式，从而减少工作量。

你可以先帮助孩子建立起对加法的理解。教科书上的插图，计数珠算[一]（见图 4-5），或者手指都是不错的辅助手段。

[一] 德国孩子用来计算二十以内加法的工具，类似中国的珠算，但要更加简单。——译者注

04 用简单的步骤来计算

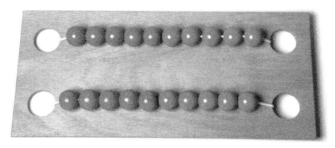

图 4-5

但这项练习的重点是，最终让孩子不再借助这些手段来辅助运算。他在面对这些运算时，不用每次都要重新计算，而是已经形成了相关的概念。对于这方面有困难的孩子来说，比如数字 4，它只是数字序列中的一个数字而已，他们不会将 4 与"量"的概念联系起来。就像我们眼中的字母 D 一样，它是独立存在的。因此，这部分孩子必须要首先理解，数字 4 不仅代表着一定的数量，还可以通过其他不同的方式表现出来。通过和孩子一起练习用不同的物品来表示某个特定的数字，可以让孩子在心中形成"量"的概念。例如，通过伸出不同的手指来表示 4 这个数字：

伸出除大拇指以外的 4 个手指头。
伸出除小拇指以外的 4 个手指头。
伸出一只手上的 2 个手指和另一只手上的 2 个手指。
伸出一只手上的 3 个手指和另一只手上的 1 个手指。

作为父母，你可以引导孩子利用手指进行计算：

"如果你已经伸出了一只手上的两个手指，那么还需要另一只的几个手指，才能凑成 4 呢？完全正确，2 加 2 等于 4！"

"如果你已经伸出一只手上的一个手指，那么还需要另一只的几个手指，才能成为 4 呢？没错，1 加 3 也等于 4！"

你用手指计数的方式向孩子提出这些算式,并把它们写下来:

"看,你刚才已经算出来了:2 加 2 等于 4。我们先把它写下来:2＋2=4。然后再做一张这样的卡片。"

你逐渐将所有算式都写到卡片上,并且让孩子使用卡片盒记忆法进行练习(参见第三章)。其中,卡片正面写上算式,背面写上答案,见图 4-6。注意:不要按顺序放置卡片。

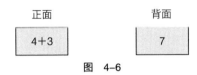

图 4-6

正如本章开头所提到的,你不能让孩子有时间去计算答案。如果他无法快速地报出答案,那么你就立刻翻转卡片,并把答案告诉他。

请每天为孩子制作新的卡片。为了保证不遗漏任何一个算式,你可以在表 4-2 的方框中勾选已经抄过的算式。

表 4-2

1+1☐	2+1☐	3+1☐	4+1☐	5+1☐	6+1☐	7+1☐	8+1☐	9+1☐
1+2☐	2+2☐	3+2☐	4+2☐	5+2☐	6+2☐	7+2☐	8+2☐	
1+3☐	2+3☐	3+3☐	4+3☐	5+3☐	6+3☐	7+3☐		
1+4☐	2+4☐	3+4☐	4+4☐	5+4☐	6+4☐			
1+5☐	2+5☐	3+5☐	4+5☐	5+5☐				
1+6☐	2+6☐	3+6☐	4+6☐					
1+7☐	2+7☐	3+7☐						
1+8☐	2+8☐							
1+9☐								

《算术队长》㊀ 也可以帮助孩子轻松完成加法的练习。

㊀ 德国一种帮助孩子学习二十以内加减法的游戏。——译者注

测试4：十以内的减法

十以内的减法练习和加法练习是一样的。在这一部分中，孩子仍需要把运算的答案熟记于心，并且不能使用错误的运算方法。

测试

2–1、6–4、9–7、4–3 分别等于多少？

孩子能做到：
在一秒钟之内报出答案。

如果孩子能够成功完成以上测试，那么可以跳转到测试5；如果不能，请你和孩子一起完成针对十以内的减法练习。

针对十以内的减法练习

请参照上述针对十以内的加法练习方式，和孩子一起进行十以内的减法练习。并在表4–3中划去你已经在卡片上抄写过的算式：

表 4-3

10-1 □	9-1 □	8-1 □	7-1 □	6-1 □	5-1 □	4-1 □	3-1 □	2-1 □
10-2 □	9-2 □	8-2 □	7-2 □	6-2 □	5-2 □	4-2 □	3-2 □	
10-3 □	9-3 □	8-3 □	7-3 □	6-3 □	5-3 □	4-3 □		
10-4 □	9-4 □	8-4 □	7-4 □	6-4 □	5-4 □			
10-5 □	9-5 □	8-5 □	7-5 □	6-5 □				
10-6 □	9-6 □	8-6 □	7-6 □					
10-7 □	9-7 □	8-7 □						
10-8 □	9-8 □							
10-9 □								

测试5：非十进制的一百以内的加减法

尽管有些孩子认为，二十或一百以内的运算因为算式中数字变大了，所以运算整体的难度会增加。但事实上，非十进制的一百以内的加减法，因为不需要"逢十进一"，所以它和十以内的运算相比，只是增加了轻微的难度（如2＋7或52＋7）。如果孩子不能在一秒钟之内算出这类题目，或者面对这类题目时手足无措，那么你可以借助下文中关于十进制练习题的说明来相对容易地解决这个问题。

你可以给孩子布置一些不需要十进制的练习题，测试一下他。

测试

10＋7、22＋5、31＋8、91＋4分别等于多少？

24-2、99-8、37-4、46-5分别等于多少？

孩子可以做到：

在一秒钟之内将答案说出来。

如果孩子能够完成上述测试，那么你可以跳转到测试 6；如果不能，就需要完成以下练习。

非十进制的一百以内的加减法练习

如果不需要"逢十进一"，那么一百以内的加减法和十以内的加减法是一样简单的。当孩子熟练掌握了十以内的加减法之后，他们就会发现自己也可以迅速算出诸如 83＋5 之类的算术题，这无疑会给他们带来极大的鼓舞。

这个步骤只需要短暂的练习，但它却能激发孩子的学习动力。孩子在这一步需要明白：如果算式中，两个加数的个位数之和小于十，那么十位数上的数字是不会改变的。关于这一点，你可以借助下文中十进制练习题的说明来进行解释（我之所以如此安排，是因为有很多父母会跳过练习题的部分）。

首先，你让孩子用代表"十"的数棒和代表"一"的小方块，摆出 52 和 7 这两个数字。练习如下：

爸爸：52＋7 等于多少？

孩子：……

爸爸：现在要把这两个数字加在一起，你要做什么事？

孩子：把这些数字全部加起来。

爸爸： 对，那么你要怎么摆放这些数棒和小方块呢？

孩子： 我要把这 7 个小方块和 5 根数棒，以及 2 个小方块放在一起。

爸爸： 很不错，那会出现什么？

孩子： 会有 5 个"十"和 9 个"一"！

爸爸： 所以总共是？

孩子： 59！

爸爸： 棒极了。让我们用数字来重复一下刚才的过程。也就是 52 + 7 =，你要怎么做呢？

孩子： 我要把 7 个"一"加进 2 个"一"中去，那么就是 2 + 7，是 9，答案是 59！

爸爸： 完全正确。我们接着做类似的练习吧。

如果你的孩子已经理解了数棒和小方块所代表的加法意义，并且发现了十位上的数字并没有发生改变，那么你就可以收起这些辅助工具，继续练习此类题目。当你觉得，孩子运算无需进位的二十/一百以内的加法的速度，和十以内的一样快时，这类练习就可以结束了。以上方法也适用于减法运算，在减法运算中，你同样要让孩子明白，此类运算是无须关注十位上的数字变化的。

如果你之前忽视了对孩子十以内的加减法的训练，现在就会发现，他需要较长的时间来解决诸如 2 + 7 或 5-3 这样的算术题。在这种情况下，你需要重新返回上一个步骤，加强孩子十以内的加减法的运算能力。

测试 6：十进制的一百以内的加减法

我们接下来要测试的是，孩子是否已经真正掌握了难度较高的十进制加减法。我们关注的重点不是解题的速度，而是他是否采用了正确的运算步骤。你可以让孩子在做题时大声说出自己的解题思路，这样你就能够判断他是否采用了正确的运算步骤。

加法算式"6＋9"正确的解题步骤如下：
步骤 1：6 加几等于 10？4。
步骤 2：那就把 4 加给 6，9 减去 4 还剩几？5。那就再把 5 也加上。
步骤 3：10 加 5 等于 15。

当然，孩子也可以反过来进行计算：
步骤 1：9 加 1 等于 10。
步骤 2：那么 6 减去 1 还剩一个 5。
步骤 3：10 加 5 等于 15。

首先，基于对十以内的加法的熟练掌握，孩子可以毫不费力地凑出来一个 10。然后，孩子会考虑，凑成 10 以后还剩下多少，再把这个剩下的数字加到 10 上面。这个过程看起来有些复杂，但是你可能会意识到，成年人也在使用这种运算方法。而这里所练习的基本技巧，在后面的加法笔算中尤其重要。

在减法中你也可以采取类似的方法。先给孩子布置一道需要进行退位运算的减法数学题，并让他把解题思路大声地说出来，这样你就可以判断他是否采用了正确的运算步骤：

减法算式"14-8"正确的解题步骤如下：

步骤 1：14-4 等于 10。

步骤 2：已经减掉了一个 4，还需要再减去一个 4。

步骤 3：10 减 4 等于 6。

当孩子碰到两位数的加减法时，计算会更加困难一些。在这个阶段，你同样要关注孩子是否使用了正确的计算步骤。现今的新式教科书中存在一个问题：它不是在训练孩子的解题方法，而是给他们提供了更多解题的建议。比如，瑞士小学三年级的教材——《算术练习册3》中的第6页，针对"58＋26 ="这道算式，书中给出了几种不同的解题思路：

丹尼尔的解法：58＋26 = 78＋6=　　　　先加十位，再加个位

劳拉的解法：　 58＋26 =
　　　　　　(50＋20)＋(8＋6)=70＋14=　十位和十位相加
　　　　　　8＋6　　　　　　　　　　　个位和个位相加

萨宾娜的解法：58＋26 = 60＋24　　　　简化的运算方法

如上所述，一道算式题的确可以通过不同的方法来解答。然而，这样的"解题思路"只会使算术差的孩子感到更加困惑。

因此，在这类算式题中，当你要求孩子大声地说出运算步骤时，你所要关注的，不是他是否采取了特定的运算顺序，而是他是否得出了正确的答案以及是否能够把个位和十位区分开来。

针对加法算式"25＋49＝",正确的运算顺序如下:

步骤1: 25＋40等于65。

步骤2: 现在还必须加上一个9;5加几等于10？5,可得70。

步骤3: 还剩下一个4。

步骤4: 70加4等于74。

当然,孩子也可以像加法笔算那样进行运算,即先加个位数,再加十位数:

步骤1: 首先算5加9等于14,那么,把数字4写在后一位（个位）上。

步骤2: 十位上2加4,再加上进位的1,就是7,即结果是74。

通常孩子会因为分不清十位数与个位数之间的区别而出现问题。典型的错误如下所示:

计算25＋49,25加4等于29,29再加上9等于38。

在这个运算中,孩子把第二个加数中十位上的"4"与第一个加数中个位上的"5"加到了一起。这种错误不是由于粗心大意所导致的,而是理解上的问题。如果你发现孩子在下面的测试中犯了这样的错误,或者在解答此类算术题时犹疑不决,那么他就需要再对这部分进行练习。

测试

9＋3、5＋8、4＋7、8＋8分别等于多少?

11−2、17−9、14−8、16−7分别等于多少?

有些难度的两位数运算：
19＋12、23＋38、26＋59 分别等于多少？
41-29、56-48、92-63 分别等于多少？

孩子能做到：
用正确的运算步骤来解决需要十进制运算的一位数加法
用正确的运算步骤来解决需要退位运算的一位数减法
用正确的运算步骤来解决需要十进制运算的两位数加法
用正确的运算步骤来解决需要退位运算的两位数减法

如果孩子能成功地完成上述练习，那么就可以跳转到测试7；如果不能，那么请继续完成以下练习。

针对十进制的一百以内的加减法练习

十进制的加减法运算确实比较困难。因此，在这个阶段，我们不再要求孩子熟练地掌握算式的答案，而是要求他们掌握正确的运算步骤。在十进制的运算中经常可以看出，孩子对之前所学基础知识的理解和掌握程度。为了攻克这一难点，孩子必须要：

把数字理解成为数量的象征。
能够理解十位数和个位数之间的差别。他们也必须清楚：1个"十"是由10个"一"组成的。

04 用简单的步骤来计算

能够快速且准确地说出，10 之前的每一个数字（0~9）要加多少才能等于 10。

如果孩子对这些基础知识掌握得不够扎实，那么他们需要对之前的内容继续练习。如果孩子在区分十位数和个位数方面存在困难，那他们可以采用辅助手段来帮助理解，当然也有其他合适的教辅工具，诸如代表"十"的数棒和代表"一"的小方块（见图 4-7、图 4-8）。

图 4-7

图 4-8

通过这个由小方块拼接而成的数棒，孩子可以更清楚地理解，1 个"十"是由 10 个"一"所组成的。

你可以从简单的练习开始，例如：

请给我摆出 35 这个数字。那你需要多少根数棒和多少个小方块？

你可以让孩子把数字写下来，并且告诉他，这个数字中的最后一位数对应的是个位，倒数第二位数字对应的是十位：

妈妈可以说："现在你已经摆出了 35 这个数字，它包含了 5 个'一'和 3 个'十'。所以，我们要把 5 写到个位数位置上，把 3 填到十位数位置上。

十位	个位
3	5

在这个过程中,你可以不用过早地使用教辅工具。在不使用教具的前提下,问问孩子:

你需要用多少根数棒和多少个小方块才能摆出54这个数字?

或许,孩子一开始就会回答:需要5个"一"和4个"十"。这时你的机会就来了,你可以先让孩子把这个数字写下来,然后再向他解释,这个数字的倒数第二位数代表的是十位,而最后一位数代表的是个位。但在德语中,我们还有一个大麻烦。因为当德语要表达一个两位数时,需要先说出个位数是多少。以54为例,德语的表达是"四又五十",而不是"五十四"㊀。而德语表达数字的这个特点,会让孩子在最初学习时感到疑惑,那些学习德语的法国人或者英国人也同样会疑惑。

如果你的孩子已经理解了十位数与个位数之间的区别,并且已经知道了两位数中的最后一位是个位,倒数第二位是十位,那么你可以开始让他进行一些简单的十进制加减法运算。你可以再次借助教具,但也要尽快地脱离教具的帮助。

第一步,你可以向孩子说明,10个"一"可以换算成1个"十"。

爸爸: 9+2等于多少?你可以先摆出这两个数字。

孩子: 那现在我要把9和2放到一起,总共有11个。

爸爸: 没错,现在你有了11个小方块,我觉得这个样子看起来有点儿混乱,你可以做什么呢?

㊀ 德语中表达两位数的习惯是,先说个位数,再说十位数。如54,德语表达是vierundfünfzig——4和50。——译者注

孩子：我可以把其中的 10 个小方块换成 1 个数棒！

爸爸：没错！现在我们就有了 1 个"十"和 1 个"一"，让我们把它写下来：十位上有个 1，个位上还有个 1。

十位	个位
1	1

如果孩子理解了这个问题，你就可以再出一些有难度的练习题，比如，简单的退位减法。

妈妈：看，这有 5 根数棒。这 5 根数棒代表着多少呢？

孩子：50！

妈妈：没错。那如果你从里面减掉一个 5，会发生什么呢？

孩子：这不行啊！

妈妈：是啊，用数棒当然做不到。那么你能怎么做呢？

孩子：我可以把 1 个"十"换成 10 个"一"。

妈妈：棒极了！就这样做，很好！那么现在可以从这里面减去 5。

孩子：得到了 45！

在借助教具完成这些练习之后，请孩子记住这些算式的解法。对此，你可以再出一些简单的算术题，比如：

39 + 3 =

30 - 4 =

当孩子表现良好时，你可以加大练习的难度，这样孩子就需要再多加一个运算的步骤。比如，下面的例子中，妈妈为了表示 55 这个数字，事先已经用 10 个小方块代替了第五根数棒。

妈妈：看，我已经给你摆出了 55。那么，当你从中减去 9，会发生什么呢？

孩子：我可以先减掉 5。

妈妈：不错！然后得到多少？

孩子：50，这里面的 5 已经被减掉了。

妈妈：没错，你已经减掉了 5，现在你还剩下一个 50。那么你还要做什么呢？

孩子：刚刚我已经减去了 5，现在还要再减去 4。

妈妈：没错，就这么做。

孩子：50 减 4，答案是 46！

几个回合之后，妈妈可以让孩子描述一下每一道题运算的过程。当孩子感觉有把握的时候，妈妈就可以取消教具的辅助，让孩子尝试着在大脑中进行运算。

现在首先借助教具来挑战难度更高的练习题，然后再让孩子在大脑中思考运算的过程。比如：

14 + 47 =

在练习的过程中，孩子可以认识到，10 个"一"可以用 1 个"十"来换算：

妈妈：首先，请摆出 14 和 47 两个数字……很好。先把它们的个位数相加，等于多少呢？

孩子：4 加 7……等于 11。

妈妈：所以 11 里面有几个"十"和几个"一"呢？

孩子：有 1 个"十"和 1 个"一"！

妈妈： 没错。现在你有 1 个"一"和 1 个"十"，接下来要怎么做呢？

孩子： 现在，这里还有 1 个"十"和 4 个"十"，再加上 1 个"十"和 1 个"一"，总共有 6 个十和 1 个一……答案是 61。

在这一阶段最重要的是让孩子理解，个位数上的 10 和十位数上的 1 是可以进行换算的。在转换中，你也可以将运算的过程写下来：

妈妈： 来吧，我们把这道题写下来。首先，我们要写下 14 和 47 这两个数字……很好，那么你第一步要做什么呢？

孩子： 先把个位数都加起来。4 加 7，等于 11。

妈妈： 有多少个十和多少个一呢？

孩子： 1 个"十"和 1 个"一"！

妈妈： 没错。让我们再来看一下算式：14 ＋ 47 =？那么，你现在可以写什么呢？

孩子： 可以在个位上写下 1！

妈妈： 非常棒！你把它写上去。

孩子： 个位上写 1。现在我还剩下 1 个"十"，再加上算式中的 10 和 40……总共有 6 个"十"，所以在十位上的数字是 6，答案是 61！

如果孩子在借助教具的同时还能写出正确的运算步骤，那么你可以再次将教具收起来。这一步中非常重要的是：让孩子在解题时不依赖于教具，每一个运算步骤都可以在不使用教具的前提下完成。在转换过程中，你也可以和孩子一起把运算的步骤写到纸上，它会有所帮助的：

步骤 1： 首先进行个位数上的加法，然后看看结果中有几个十和几个一。

步骤 2： 把个位上的数字写下来。

步骤 3： 再看下，还有几个十，把它们加在一起，然后把得到的十位数填在十位上。

举例如下：

24 + 28 =

步骤 1： 首先进行个位数上的加法，然后看看结果中有几个十和几个一。4 + 8 等于 12，这里面有 2 个 "一" 和 1 个 "十"。

步骤 2： 把 2 填到个位上：24 + 28 =_2。

步骤 3： 看下还剩下几个十，并将它们都加起来。12 中还剩 1 个 "十"，而算式中还有 20 + 20……也就是 4 个 "十"，加在一起总计有 5 个 "十"。我再将 5 填到十位上：24 + 28 = 52。

同样，有难度的减法运算也可以先借助教具，然后再将运算步骤写到纸上，最后让孩子不依赖任何辅助手段，独立地解决问题。

56–27 =

妈妈： 你来先摆一个 56。然后看一下这个算式，想一想你要怎么做？

孩子： 我应该从这个数字里（孩子指着被摆出来的 56）减去 27。

妈妈： 没错，那么你首先做什么？

孩子： 我要先减掉 6。我有个 50 和 6 个 "一"，而这 6 个 "一" 已经被我减掉了。那我现在要怎么办呢？

妈妈： 你已经做了什么呢？

孩子：我已经减掉了6个"一"，但是我必须要减掉7个"一"才可以。

妈妈：是的，那怎么办呢？

孩子：我必须要把十位数上的1换成个位数上的10，这样我就可以减掉剩下的1了。

妈妈：不错，那么到目前为止你做了什么呢？现在你手里还剩什么？

孩子：我已经减掉了7个"一"，现在还剩49。

妈妈：非常棒。那你接下来还要做什么呢？

孩子：现在还要再减掉20，那就是要减掉2个"十"……答案是29！

你可以在纸上写下类似的运算步骤：

步骤1： 先进行个位数上的减法。

步骤2： 把剩下的个位数写在算式答案的个位上。

步骤3： 然后再减掉十位数，同样，把剩下的十位数写在算式答案的十位上。

举例如下：

56−27 =

步骤1： 我先减去个位数上的7，即 56−6−1=49。

步骤2： 我把数字9填到算式答案的个位上。

步骤3： 然后再减掉2个"十"，也就是 49−20=29。将数字2填到答案的十位上，最后答案是29。

为了用游戏的方式练习十进位的加减法，你可以和孩子一起玩维宝公司◯的游戏《数字河中冒险》。

◯ 德国一家玩具制作公司。——译者注

测试7：乘法和除法（乘法表和除法表）

如今，学校里的孩子很少花时间去记忆乘法表和除法表了，这是非常令人遗憾的，因为实际上这类运算总是会不断地出现。乘法表和除法表不仅与乘法、除法、分数运算、应用题和百分数运算有关，更与我们的日常生活息息相关。记住乘法表和除法表会给孩子带来很大的好处，所以当你借助下面的测试题发现孩子在这方面还没有完全掌握时，就和他一起练习吧。

测试

1. 5×3、8×9、4×7、6×5 分别等于多少？
2. 27÷9、49÷7、48÷6、15÷3 分别 等于多少？

孩子可以：

按照乘法表快速地说出结果。

按照除法表快速地说出结果。

如果孩子可以成功地完成上述练习，请跳转到测试8。如果不行，那么请完成以下练习。

针对乘法表和除法表的练习

对有些父母来说，让孩子背诵乘法表和除法表是一项庞大而艰巨的工程。但事实上,只要借助了这套简单的运算模式,不仅可以让孩子的运算能力得到快速提升,父母的工作量也会比预想的少很多。

乘法表和除法表包含了 100 个乘法算式和 100 个除法算式。大部分的孩子已经记住了关于 1 和 10 的乘法算式,这样他们就可以少记 40 个相关的算式(在德国的乘法表中,关于 1 的乘法算式有 20 个,因为他们把 1×2 和 2×1 看成两个算式,关于 10 的乘法算式同样也是 20 个)。另外,大多数孩子很快就会发现,关于 7 的算式中的 5×7 和关于 5 算式中的 7×5 会产生相同的结果,这样又可以省去很多工作量;同时,被熟练掌握的乘法表还为记忆除法表提供了基础(5×5 = 25/ 25÷5 = 5)。所以,每天花费 10 分钟的练习时间来记忆乘法表和除法表是非常值得的,因为它可以在 2~3 个月之内就补上孩子在这方面的学习漏洞。

当你迅速地说出 8×9 的答案时,你可以体会到自己作为一个"计算器"的快乐。无论在学校时,还是在日常生活中,我都特别喜欢乘法和除法中关于 7 的算式。每当它出现时,我就会很开心,因为我能完整地背诵关于 7 的所有算式。一位已经读过书稿的同事问我,为什么与 7 相关的算式总是出现在这本书的示例中呢,原因就是我对这个算式非常熟悉。而通过练习,你的孩子可以在所有数字的算式中体会到这种感觉。

第三章所描述的卡片盒记忆法同样也适用于乘法表和除法表的练习。你首先要在卡片上写下算式,然后让孩子利用卡片盒进行练习。你要在卡片的正面写下算式,背面写下答案,按数字一排一排地练习。但你需要注意的是,同一排的算式不要按顺序一个接一个地出题,这样可以防止孩子采用相加的方式来计算答案(例如,关于 3 的算式,你可以第一天练习 2×3、4×3 和 9×3,第二天练习 1×3、5×3 和 8×3)。

你需要每天给孩子制作新的卡片。你可以问问孩子,他们是否愿意自己来练习乘法表和除法表的一部分。你需要向他解释如何使用卡片盒。为了不漏掉表中的算式,你可以把表 4-4、表 4-5 中做过的算式都划掉。

表 4-4 乘法表

1 的乘法	2 的乘法	3 的乘法	4 的乘法	5 的乘法
1×1=1	1×2=2	1×3=3	1×4=4	1×5=5
2×1=2	2×2=4	2×3=6	2×4=8	2×5=10
3×1=3	3×2=6	3×3=9	3×4=12	3×5=15
4×1=4	4×2=8	4×3=12	4×4=16	4×5=20
5×1=5	5×2=10	5×3=15	5×4=20	5×5=25
6×1=6	6×2=12	6×3=18	6×4=24	6×5=30
7×1=7	7×2=14	7×3=21	7×4=28	7×5=35
8×1=8	8×2=16	8×3=24	8×4=32	8×5=40
9×1=9	9×2=18	9×3=27	9×4=36	9×5=45
10×1=10	10×2=20	10×3=30	10×4=40	10×5=50
6 的乘法	7 的乘法	8 的乘法	9 的乘法	10 的乘法
1×6=6	1×7=7	1×8=8	1×9=9	1×10=10
2×6=12	2×7=14	2×8=16	2×9=18	2×10=20
3×6=18	3×7=21	3×8=24	3×9=27	3×10=30
4×6=24	4×7=28	4×8=32	4×9=36	4×10=40
5×6=30	5×7=35	5×8=40	5×9=45	5×10=50
6×6=36	6×7=42	6×8=48	6×9=54	6×10=60
7×6=42	7×7=49	7×8=56	7×9=63	7×10=70
8×6=48	8×7=56	8×8=64	8×9=72	8×10=80
9×6=54	9×7=63	9×8=72	9×9=81	9×10=90
10×6=60	10×7=70	10×8=80	10×9=90	10×10=100

表 4-5 除法表

1 的除法	2 的除法	3 的除法	4 的除法	5 的除法
1÷1=1	2÷2=1	3÷3=1	4÷4=1	5÷5=1
2÷1=2	4÷2=2	6÷3=2	8÷4=2	10÷5=2
3÷1=3	6÷2=3	9÷3=3	12÷4=3	15÷5=3
4÷1=4	8÷2=4	12÷3=4	16÷4=4	20÷5=4
5÷1=5	10÷2=5	15÷3=5	20÷4=5	25÷5=5
6÷1=6	12÷2=6	18÷3=6	24÷4=6	30÷5=6
7÷1=7	14÷2=7	21÷3=7	28÷4=7	35÷5=7
8÷1=8	16÷2=8	24÷3=8	32÷4=8	40÷5=8
9÷1=9	18÷2=9	27÷3=9	36÷4=9	45÷5=9
10÷1=10	20÷2=10	30÷3=10	40÷4=10	50÷5=10
6 的除法	7 的除法	8 的除法	9 的除法	10 的除法
6÷6=1	7÷7=1	8÷8=1	9÷9=1	10÷10=1
12÷6=2	14÷7=2	16÷8=2	18÷9=2	20÷10=2
18÷6=3	21÷7=3	24÷8=3	27÷9=3	30÷10=3
24÷6=4	28÷7=4	32÷8=4	36÷9=4	40÷10=4
30÷6=5	35÷7=5	40÷8=5	45÷9=5	50÷10=5
36÷6=6	42÷7=6	48÷8=6	54÷9=6	60÷10=6
42÷6=7	49÷7=7	56÷8=7	63÷9=7	70÷10=7
48÷6=8	56÷7=8	64÷8=8	72÷9=8	80÷10=8
54÷6=9	63÷7=9	72÷8=9	81÷9=9	90÷10=9
60÷6=10	70÷7=10	80÷8=10	90÷9=10	100÷10=10

如果你的孩子多少已经掌握了乘法表和除法表，那么你可以采用维宝公司中的游戏《1×10belisk》来丰富练习的种类。

测试 8：笔算

正确的运算步骤同样是笔算的重点。为了让孩子完成笔算练习题，你可以让他把解题思路大声地说出来，这样你就可以检验出他的错误到底是由于粗心大意，还是没有充分掌握运算步骤，从而采取了一种错误的运算方法。

你可能也很长时间没有接触过笔算了，所以在孩子做笔算题之前，你应该先来熟悉一下笔算中的运算步骤。正确的计算步骤如下：

加法运算

```
    8 4 3 2
+   1 3 9 8
───────────
```

第一步：计算个位数，2 加 8 等于 10。在 8 下面写 0，并且向前进 1。

```
    8 4 3 2
+   1 3 9 8
───────────
          1 0
```

第二步：计算十位数，3 加 9 等于 12，不要忘记刚刚进上来的 1，所以结果是 13。在 9 下面写 3，然后再向前进 1。

```
    8 4 3 2
+   1 3 9 8
───────────
        1 3 0
```

第三步：计算百位数，4加3等于7，加上刚进上来的1，结果为8。在3下面写8，因为相加没有超过10，所以不需要进位。

照此类推。

减法运算

```
    8  4  3  2
 -  1  3  9  8
 ─────────────
```

第一步：计算个位数。下面的数字是8，上面的数字是2。因为2小于8，所以只能联合十位数上的3一起减8，即32-8=32-2-6，即得24。所以在算式中8的下面写4。

```
    8  4  3  2
 -  1  3  9  8
 ─────────────
             1  4
```

第二步：计算十位数。因为上一步中十位上的数字变成2，即2-9，因为2小于9，需要联合百位数上的4再减9，即42-9=42-2-7=33。所以在9下面写3。

```
    8  4  3  2
 -  1  3  9  8
 ─────────────
          3  4
```

第三步：百位数上为3，再减3即为0。所以在3的下面写0。照此类推。

```
            8   4   3   2
        −   1   3   9   8
            7   0   3   4
```

乘法运算

```
        2   5   ×   2   3   5
```

第一步：用第一个数字 25 中的 5 乘以第二个数字 235 中的 5，结果为 25。在 235 中的 5 下面写 5，并在 235 中的 3 下面标一个小 2。

```
        2   5   ×   2   3   5
                            2   5
```

第二步：用 25 中的 5 乘以 235 中的 3，结果 15，加上刚才写的小 2，结果是 17。在 235 的 3 下面写 7，然后再进一个 1。

```
        2   5   ×   2   3   5
                        1   7   5
```

第三步：同样的步骤用 25 中的 5 乘以 235 中的 2，得到如下结果。

```
        2   5   ×   2   3   5
                    1   1   7   5
```

第四步：用 25 中的 2 乘以 235 中的 5，结果是 10。在 5 的下面写 0，在 7 的下面也写 0 并进一个 1。

```
 2  5  ×     2  3  5
            1  1  7  5
               1  0  0
```

同样的步骤用 25 中的 2 分别乘以 235 中的 3 和 2，得到如下结果。

```
 2  5  ×     2  3  5
            1  1  7  5
         4  7  0  0
```

最后一步：将 1175 与 4700 相加，得到如下结果。

```
 2  5  ×     2  3  5
            1  1  7  5
         4  7  0  0
         ─────────────
         5  8  7  5
```

除法运算

$$260 \div 20 =$$

第一步：首先观察 2 是否可以被 20 整除（大部分孩子看一眼题目，就会直接计算 26 除以 20）。然后再看 26，26 除以

20，商为 1。在等式的一边写 1。20 和 26 之间差 6，在横线下方写 6。

$$\frac{2\ 6\ 0\ \div\ 2\ 0}{6} = \boxed{1\ }$$

第二步：将 0 直接移下来，写在 6 的旁边。

$$\frac{2\ 6\ 0\ \div\ 2\ 0}{6\ 0} = \boxed{1\ }$$

第三步：60 除以 20，商为 3，将 3 写在 1 的后面。

$$\frac{2\ 6\ 0\ \div\ 2\ 0}{6\ 0} = \boxed{1\ 3}$$

现在你应该已经熟悉了各种运算的步骤。让我们来看看孩子是否能解决这些问题：

测试

1. 加法运算

```
        3  4  2
  +  1  4  3  7
  ─────────────
     □  □  □  □

        8  4  3  2
  +  1  3  9  8
  ─────────────
     □  □  □  □
```

2. 减法运算

```
      8  9  5
   -  7  5  3
   ─────────
      □  □  □


      8  4  3  2
   -  1  3  9  8
   ────────────
      □  □  □  □
```

3. 乘法运算

$25 \times 235 =$

$47 \times 892 =$

4. 除法运算

$260 \div 20 =$

$520 \div 13 =$

孩子可以：

做对加法运算。

做对减法运算。

做对乘法运算。

做对除法运算。

如果你的回答都是否定的，那么请和孩子来完成接下来的运算练习。

笔算的运算练习

在笔算过程中孩子要学会使用正确的计算步骤。其中，孩子做题的质量非常关键。如果他总是使用错误的计算步骤，那么做再多的练习也是毫无用处的。

下面的练习方法已被证实是有效的：

1. 借助孩子的教科书，和他一起学习运算的步骤（孩子总是接触到不同的运算步骤，会感到困惑）。
2. 把各个运算步骤绘制成海报并挂在孩子的房间里。
3. 让孩子列举各个运算步骤（我首先做……然后加上……），在这个过程中可以借助海报。
4. 借助海报让孩子来完成比较简单的笔算，不要包括十进位的运算（这样孩子就不需要在运算中"逢十进一"）。
5. 当孩子掌握了上述步骤4之后，可用海报作为辅助来完成更复杂的计算。
6. 在不借助海报的情况下，让孩子先练习较简单的运算，然后是比较难的。

技巧

让孩子大声说出解题思路，以此来检查他的运算步骤是否正确。

你在解题时也可以大声说出自己的思路,并让孩子在一旁观察。

在一些和孩子能力有差距的运算题目中,请重复单个运算步骤,以帮助孩子牢记。

运算检查表

方法
☐ 我通过漏洞分析法,找到了孩子学习上的第一个漏洞。
☐ 我有时会让孩子大声地说出他的解题思路,以确保他没有使用错误的计算方法和规则。

动机
☐ 我和孩子协商签订了一份关于学习的合约。
☐ 我们会在规定的时间内做练习。
☐ 我们每天最多练习 15 分钟。

记忆 / 大脑
☐ 通过使用卡片箱里的加法和乘法卡片,我和孩子进行系统性的算术练习。
☐ 我总是给孩子足够的时间来记住运算结果。
☐ 我们在练习加法和乘法运算时,总是先重复前一天的算式,并且每天只学习 2~4 个新的算式。
☐ 我们在用书中的练习题来完成灵活的计算之前,总要把每一个运算步骤都铭记于心。

因为这本书是针对小学 1~4 年级的学生家长,为了不超出这个范围,书中的测试题也只涉及了这几个年级的学习内容。

本章中所展示的练习题在许多关于计算障碍或者计算弱点的书籍中都会出现。我向那些希望能深入探究数学问题的家长强烈推荐一本书，它是由阿尔茗·伯恩（Armin Born）和克劳迪娅·奥勒（Claudia Oehler）在 2008 年出版的《帮助有算术问题的儿童获得成功》(*Kinder mit Rechenschwäche erfolgreich fördern*)。

**MIT KINDERN LERNEN
KONKRETE STRATEGIEN FÜR ELTERN**

困难产生的原因
发现并解决问题
对其他能力的训练

阅读和书写

05

困难产生的原因

如果孩子在书写方面，特别是阅读方面存在困难，会让父母感到极大的焦虑。不同于算术，父母认为阅读和书写能力是非常基础和重要的，所以他们很难理解孩子会在这些方面出现问题。他们不明白，为什么这些看似简单的能力对孩子来说是那么困难。用一位爸爸的话来说："就那几个字母，他怎么就记不住呢，他也不笨啊！"这位爸爸对自己孩子的阅读能力极为担忧。

不同的孩子在阅读能力方面的差异是巨大的。有些孩子在一年级结束时就可以流利地阅读，而有些孩子则在小学毕业前都无法完成。目前的研究表明，人体中某些技能的缺陷会导致阅读和书写问题的产生，而这些缺陷是由先天性的原因造成的。多项研究表明，以家庭为单位出现的阅读和书写问题更为常见。如果父母一方或双方在阅读和书写方面存在缺陷，孩子则较大概率存在类似的问题（更多信息参见 Breitenbach & Weiland, 2010; Weber, 2003）。

近些年来，科学界也可以通过成像方法来观察人类阅读时大脑的活动。研究发现，有阅读障碍的孩子和拥有正常阅读能力的孩子之间存在着较大的差异，有阅读障碍的孩子在阅读过程中很难激活大脑的某些特定区域。

导致阅读和书写障碍的主要原因是某些技能的缺失，尤其是语音意识弱，语音缺陷和视觉功能障碍（参见 Klicpera & Gasteiger-Klicpera, 1998; Klicpera, Schabmann & Gasteiger-Klicpera, 2007）。当孩子还在幼儿园阶段时，语音意识缺陷就可以通过某些测试被发现，例如观察孩子在说话时单个音素的发音。而借助这些测试可以预测，哪些孩子在未来可能会存在阅读障碍。

那些从一年级开始语音意识就比较薄弱的孩子会认为，区分单个音素或从一个单词中听出单个音素是非常困难的，而未来这些孩子也很有可能会面临阅读和书写的问题。

如果孩子在阅读和书写方面的确存在障碍，那么尽早采取干预措施是非常关键的。否则，孩子的问题会越来越严重，而它所产生的负面效应就和第一章中提到的"恶性循环"以及第四章中所描述的情况一样：因为孩子本身就有这方面的障碍，所以和其他同学相比，他们在接受字母和语音分类的学习时速度就很慢。随着时间的推移，这种差异会越来越大，这类孩子的阅读能力也会明显低于平均水平。在班里他们跟不上相应的课程进度，在相同的时间内他们的阅读量也比较少，而且还会在阅读课上走神，只有在轮到他们时他们才会阅读，而且也是极不情愿的、害羞的以及胆怯的。

这类阅读能力差的孩子原本需要在课外做更多的阅读，以避免与同学之间的差距越来越大，但是正因为他们对阅读提不起兴趣，而且也很难理解所读的内容，所以情况恰恰相反。一项关于五年级学生课余活动的调查显示（参见 Klicpera, Schabmann & Gasteiger-Klicpera, 2007），这个阶段的孩子平均每天的课外阅读时间为 13 分钟，阅读能力强和喜欢阅读的孩子则会达到 90 分钟，而阅读能力差的孩子连一分钟都不想花在阅读上。图 5-1 统计了阅读能力较差、中等和良好的孩子在一年中课外阅读的单词量。

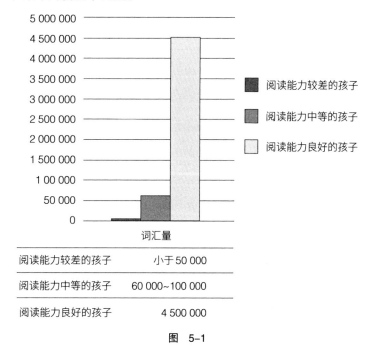

图 5-1

从上图可以看出，不同孩子之间的差距是明显的。不喜欢阅读的孩子每年在空闲时间的阅读量明显低于 50000 个单词——在图中几乎都看不到。而那些阅读能力强的孩子则认为阅读是一种不错的消遣方式。用这种方式，他们的词汇量甚至超过了那些不喜欢阅读孩子的 100 倍。这样一来，两类孩子之间的差距便越来越大。孩子会意识到这种差距，不断产生挫败感以及随之而来的负面情绪，而这些也会给孩子的书写能力带来负面影响。本章介绍的主要内容是，当孩子有阅读和书写障碍时，父母该如何应对。

父母可以做些什么？

那些有阅读和书写障碍的孩子在整个学校生涯中都会受到此类问题的困扰，而孩子所受到的引导却可以决定最终结果的好坏。所以，越早干预越好。那些鼓励的或自我安慰的话，诸如"等他长大就好了""很快就会好起来"和"结果还不一定呢"，在这种情况下是不合时宜的。因为时间对孩子来说是十分宝贵的，差异会随着时间的推移越变越大，而不是越变越小。

研究表明，在幼儿园时期，孩子受到语音意识的影响较少，所以在这个时候就开始相关的训练是非常必要的。老师可以和学校的心理咨询处建立联系，以便进行相应的测试。如果你的家庭成员，如：

自己或伴侣是否存在阅读和书写障碍
其他家庭成员是否存在阅读和书写障碍
家里的一个孩子是否存在阅读和书写障碍

05 阅读和书写

在阅读和书写方面存在着很大的问题，那你需要在家长会上和老师进行沟通。

上文中提到，阅读和书写障碍部分是由先天性的原因造成的。如果父母一方有阅读和书写障碍，那么孩子产生此类问题的概率要远高于其他孩子。而如果家里的一个孩子有阅读和书写障碍，那么他的兄弟姐妹产生类似问题的概率大约是50%。所以，如果你看这本书是因为家里的老大有阅读和书写障碍，那么不仅是这个孩子，你更小的孩子都需要和学校的心理服务处联系（直接和老师进行沟通）。孩子有阅读和书写障碍的另一个重要迹象是，他们在语言发展过程中出现了轻微的异常，例如，和其他孩子相比，他们学习语言非常慢或者表达得很不清楚。

多项研究表明，幼儿园阶段对语音意识的训练可以明显改善孩子在阅读和书写方面出现的问题，并且在多数情况下还可以提前预防该问题的出现。关于这方面的训练，你可以参见由卡斯珀特和施耐德（Küspert & Schneider, 2006）开发的"听 – 倾听 – 学习Ⅰ"（Hören-Lauschen-Lernen Ⅰ）训练计划。这项训练计划里囊括了57种语言游戏，例如，在听力游戏中，孩子需要识别不同的噪声；对韵律、单词、音节、音素的区分练习也可以帮助他们提高听力能力，增强语言意识。父母或老师可以在孩子进入小学之前，提前半年对他们进行针对性的训练。

最理想状态是，在孩子入学的前一年，父母与学校的心理服务处建立联系，前半年让孩子参加相关的培训小组。但如果你需要等很长时间才能和心理服务处取得联系，或者一直到孩子入学之前，你都没有找到合适的培训机构，包括公立和私人的，那么，你可以借助《听－倾听－学习Ⅰ》这本书，在家里和孩子独立完成类似的训练。这本书的作者已经十分详细地介绍了整套训练计划，你不需要培训就可以实施该计划。关键是在实施的过程中你要坚持不懈，从而实现培训的系统性和完整性。同时要遵循训练时间的安排，按照这本书的设定，整个计划是每天练习 10~15 分钟，持续 20 周。当然，你也可以购买相关的 DVD，从而让训练流程更易理解，在家操作也更为便捷。目前，有关该计划的研究表明，它对解决孩子的阅读和书写问题是有效的（参见 Schneider, 2001; Bus & Ijzendoorn, 1999）。值得注意的是，这套训练计划是在孩子入学前使用的，随着孩子进入小学，它的作用就不那么显著了（参见 Einsiedler u.a., 2002）。

当然如果你的孩子已经进入了小学，你还是可以帮助孩子提高他的阅读和书写能力。下面，我将向你展示如何辨别和处理孩子在这方面的问题，就像第四章一样。

发现并解决问题

我想指出的是，不同的孩子在进入小学后发展状况各有不同（参见 Betz & Breuninger, 1998；Largo & Beglinger, 2010；Sommer-Stumpenhorst, 2006）。在一年级或二年级结束时，有些孩子在阅读和书写方面存在着比较严重的问题，那么除了让他们参加有针对性的补习班之外，重新复读一年也不失为一种明智的选择。我们现在就来看看，孩子是如何学习阅读和书写的。

首先，孩子会在学校里学习字母。

在帮助孩子学习字母时，父母需要注意：当你读字母时，请按字母本身的读音而不是按它们的拼读读音来读。如果孩子在学校是按照字母的发音来学习，在家却是按照字母的拼读读音来学习的，他就会感到非常困惑。所以在开始学习的阶段，孩子都是按照字母的读音来写字母的。如果你告诉孩子 K 和 Ka 一样，而 Te 也可以是 T，那么他可能会将 Kater 写成 Ktr。所以你只要教会孩子字母的读音，如 Ka、Te 和 Er 就可以了。

一般到三四年级，孩子才会学习单词中字母的拼读读音。○

测试1：认识字母

孩子在阅读方面出现问题，很可能是因为他不能很快地识别出某个单独的字母，或者根本不认识这个字母，又或者他将这个字母和其他字母混淆了。所以你可以采取下面的测试来检验一下孩子是否存在这方面的问题。

将孩子在学校已经学过的所有字母（大写和小写）写在卡片上。注意，要和老师采取相同的字母写法。然后把所有卡片混在一起，这样它们就不会按照字母顺序来排列了。每次只让孩子看一张卡片，并说出卡片上的字母。

在这个过程中，你需要关注哪些字母对孩子来说比较吃力。你可以将所有卡片分成两堆，一堆是孩子已经掌握的字母，另一堆是孩子还需要加强练习的字母。因为孩子需要记住所有的字母，所以他们吃力的表现包括以下几种情况：

第一次认错了这个字母，但很快就改正了过来。
在回答某个字母的读音之前，会犹豫一下。
对某个字母不太确定。

如果你在测试中鼓励孩子并且告诉他，他已经掌握了很多

○ 在德语中，字母的字母读音和拼读读音是不同的，如字母 K，字母读音为 ka，但它在单词中的拼读读音为 ke。——译者注

字母，就可以帮助孩子更好地记忆。

通过测试，有些父母吃惊地发现，原来孩子对字母并没有完全掌握。这是因为之前孩子总是把这个问题"成功"地隐藏起来了。在我小的时候，我的爸爸想和我一起读课本上的文章，他负责翻页。有时他会忘了翻页，但我仍然会继续读下去，他就会问我读到哪里了。我一般会随便指个地方说："到这儿了。"实际上，这篇文章我在学校已经读了很多遍，可以背诵下来了，所以我在爸爸面前读这篇文章时，就能把自己在阅读上的问题，如错误和停顿等隐藏起来。许多孩子也会用这个方法，他们虽然不认识这个字母，但会根据课文或这个单词的其他字母来推导出这个字母。所以上述测试是不借助单词或文章来发现孩子对字母的掌握情况。你的孩子可以认识全部字母吗？如果可以，那么请跳转到测试 2；如果不可以，那么请继续进行下面的练习 1。

练习 1：对所有学过的字母进行练习

如果你的孩子还不能认识一些字母，那么你可以借助卡片来帮助他练习。你可以让孩子看看那些他不熟悉的字母，然后将它们分成大小写。一般来说，孩子很可能认不出刚学过的字母，或者很少出现的字母（例如 Q、X、Y）。当然，他也很可能会混淆一些看起来很像或者发音相似的字母，如 d 和 b，或 q 和 p。以前人们会认为，只有存在阅读障碍的人，才会混淆字母 d 和 b 以及 q 和 p。但实际上，所有孩子要区分这几个字母都不是很容易。因为从孩子的角度来看，他首先关注的是字母的形状，然后才是它的方向。当前的研究表明，并不存在一种典型的"阅读障碍错误"，只是有阅读和书写障碍的孩子在这方面犯的错误更多而已（参见Leemann-Ambroz，2006）。

为了降低孩子混淆字母的可能性，可以把相似的字母尽可能地分开学习。我们来看一个例子。假设弗洛里安的父母通过上述测试发现，弗洛里安对字母 B、C、D、E、H、P、Q、T 和 d、p、g、q、t、c 并不太确定。那么，对这些字母的复习不需要按照字母表来进行，而是将那些不容易混淆的字母一个接一个地学习。弗洛里安的父母应从大写字母开始帮助她学习，首先他们要注意哪些字母是容易混淆的：F 和 E、b 和 p 看起来相似，B 和 P、D 和 T 听起来也很相似。

为了让孩子更好地学习字母，最好将字母练习变得具有系统性。比如，每周学习几个新的字母，一个字母要多久进行重复学习，这些都取决于孩子的学习速度。比如，弗洛里安对那些不确定的字母都存在学习困难，她的妈妈决定从字母 B 开始帮助她学习。下面是具体的训练过程。

妈　　妈：弗洛里安，这是 B。	因为弗洛里安不认识这个字母，所以妈妈先读了一遍这个字母。
妈　　妈：这个字母怎么读？ 弗洛里安：B。 妈　　妈：非常好。	妈妈给弗洛里安展示卡片，然后让她回答。
妈　　妈：你能再说一遍，这个字母怎么读吗？ 弗洛里安：B。	过了一会儿，妈妈又问了一遍这个字母。
妈　　妈：很好。那这个呢？ 弗洛里安：A。	妈妈指着 A，这个字母是弗洛里安肯定认识的。

(续)

妈　　妈：那这个呢？ 弗洛里安：……	妈妈再次指着 B。
妈　　妈：B。 妈　　妈：你还记得它吗？ 弗洛里安：B。	由于 A 的干扰，弗洛里安又忘记了 B。妈妈提示了弗洛里安。
妈　　妈：这个呢？ 弗洛里安：A。 妈　　妈：那这个呢？ 弗洛里安：B。 妈　　妈：你好棒呀！	妈妈再次指向 B。

　　弗洛里安和妈妈做了五分钟关于 B 和 A 的交替练习。在晚上睡前故事之前，他们又重复了两分钟这个练习。到了第二天，他们先复习了 B，然后加入了 F，最后再做 B 与 F 的交替练习。

　　如果你的孩子可以认出测试中的字母，但反应不是特别快，那么你们可以同时练习两个或三个字母。如果孩子可以又快又准地认出所有的字母，那么你可以有意地将相似的字母放在一起来问问孩子，因为他必须要学会区分相似的字母。当你感觉孩子已经可以掌握单个字母时，才代表这个阶段的练习成功了。当然你也可以用这个方法来帮助孩子学习小写字母，最后把大写和小写字母混合在一起来提问孩子。

　　在字母的学习过程中，你还可以引入一些游戏，但要注意，字母学习是第一任务。你可以帮助孩子建立自己的记忆模式。比如，在卡片的一面画上一个动物的图形，另一面写上这个动物的名称,但名称中要包括相关的字母——A 和猴子的图形[1],B 和海狸的图形[2],等等。

孩子还喜欢和字母有关的积木玩具,你可以买一些各种形状和颜色的字母积木。简单来说,你来掷积木,孩子要尽快说出掷出来的字母。另外复杂一点的游戏是,你们还可以设定一个分类,比如水果、动物等,然后一个人掷骰子,另一个人说出属于该类别,同时又包含这个字母的单词。

注意,请你购买与孩子能力相匹配的字母玩具。

测试2:书写字母

字母的书写对孩子来说是更加困难的,因为它不仅需要孩子被动地认识,而且需要孩子主动地将读音和书写联系起来。和认识字母的过程一样,你要先对孩子进行测试。先让孩子写大写字母,然后是小写字母。如果你读字母,孩子来写,那么请注意那些对孩子来说不确定的字母。同时要注意,字母的发音要准确。

如果你的孩子可以写出全部字母,那么就可以直接跳转到测试3,否则请你和孩子一起完成下面的练习2。

---

[1] 德语中"猴子"是Affen。——译者注
[2] 德语中"海狸"是Biber。——译者注

练习2：写字母

字母是由曲线和线条组成的抽象结构，所以孩子很难记住它们。他们需要花费大量的时间和耐心才能又快又准地写出所有字母，并且记住每个字母的发音和字形之间的联系。

请你把那些孩子不熟悉的字母收集起来，并把它们写在卡片上。和我们在练习字母读音时一样，你要关注卡片的顺序，尽量不要把发音和字形相似的字母放在一起。你可以让孩子先把这些字母抄一遍，慢慢找到感觉。要注意的是，你要让孩子慢慢地、有意识地边读边写，而不是机械地、快速地抄写。

过一会儿你可以问问孩子，是否可以盖住卡片和刚写过的字母，这样你就可以知道他是否记住了这些字母的书写。如果孩子记住了这些字母，并且可以正确地书写，那么你们可以多练习几次。做完练习后你们可以稍微休息一下，然后你再看看他是否还可以记住这些字母。

妈妈：看，我给你一张卡片A，它是这样写的，你也来写一下吧。

孩子：好。

妈妈：非常好。那我们来试一下边读边写，A。

孩子：A。

妈妈：好，来，我们再写几遍。

孩子：A，A，A。

妈妈：很棒。现在你知道A是什么样子了。

孩子：大概吧。

妈妈：那我现在盖住这个字母，（拿张白纸盖在上面）然后你再试着写一次？

孩子：A，是这样写的吗？

妈妈：你把白纸拿开，看一下。

孩子：对了。

妈妈：真棒！你再写两三遍吧，然后我们玩个游戏，一会儿我们再看看，你还能不能记住字母 A。

第二天你们可以重复练习这个字母，然后再学习新的字母。后面几天和几周你们都可以按照这个模式继续练习。但练习的进度不要太快，当孩子忘记了之前学过的字母时，你也不要太失望，因为这是很正常的。当新的相似的字母出现时，孩子就会忘记之前学过的字母，这也提示你们要尽早对学过的字母进行复习。

测试 3：拼读字母

虽然有些孩子已经认识了所有字母，也可以单独书写每个字母，但让他把几个字母放在一起拼读却是非常困难的。如 Ma, 他只会分开读字母 M 和 A，而不是 Ma。

你要注意一下，孩子在以下哪个方面比较吃力：

由两个字母组成的拼读音节

由三个字母组成的拼读音节

……

下面的练习可以帮助孩子更好地克服拼读方面的困难，

05　阅读和书写

如果孩子已经掌握了如何拼读,那么你可以直接跳转到测试4。

练习3:拼读字母

对大部分孩子来说,把字母放在一起拼读不是一件容易的事,他们可能需要很长时间才能克服这个困难。而对单音节字母进行拼读是一种很好的练习方法,因为这样可以引导孩子把一个音节看成一个整体。随着时间的推移,如果孩子看一眼就能判断出一个音节是由两个或三个字母组成的,那他就可以大大地提高阅读速度了。

先让孩子练习由两个字母组成的音节,然后是三个字母组成的音节。你可以从孩子的教科书中选取一段,把其中所有由两个字母组成音节找出来,让他拼读,或者挑选一些常见的音节。

你要和孩子一起练习,直到他能够进行拼读并且流利地把音节读出来。在下面的例子中,彼特通过与妈妈一起练习,获得了很大的进步。

妈妈:你来读一下这个。 **彼特**:M……A。 **妈妈**:很好!你可以拼读一下吗? **彼特**:MA。 **妈妈**:很棒。那这个怎么读? **彼特**:M……I, MI。 **妈妈**:好。那这个呢? **彼特**:(很快地)MA。 **妈妈**:那这个呢? **彼特**:(很快地)MI。 **妈妈**:很好。那这个怎么读? **彼特**:M……U, MU。	彼特已经掌握了两个字母的拼读,妈妈很快就可以加入更多的字母组合,帮助他用卡片来练习包含三个字母的拼读以及较短的单词。

但对有些孩子来说，拼读字母是一个很大的问题。父母每天都需要花费很长时间来帮助他们练习。下面的例子中，弗洛里安在这方面就非常吃力。尽管她之前通过反复练习已经认识了字母，但她还是很难把它们拼读在一起。

妈　　妈：你可以读一下这个吗？ 弗洛里安：M……A。 妈　　妈：好。M 和 A。现在你这样读 M-A。你试一下这样读——MA。 弗洛里安：MMAA。 妈　　妈：很棒！ 妈　　妈：现在用你的手指指着读。 弗洛里安：MA。 妈　　妈：好。现在把它们分开读一下。 弗洛里安：M……A。 妈　　妈：再拼起来读一遍。 弗洛里安：MA。	妈妈用手指指着 M 并读出 M，然后跳到 A 并读出 A。妈妈给弗洛里安演示如何把字母读出来。 现在妈妈把手指从 M 滑向了 A。 妈妈指导弗洛里安，借助手指来读这两个字母。 妈妈再次把手指从 M 跳到了 A。 弗洛里安也用手指划过这两个字母，然后把它们拼读在一起。

你需要在卡片上写下字母组合让孩子着重练习，因为它们产生了新的读音。

随着时间的推移，孩子一眼就能看出由 2~3 个字母组成的常用音节。比如 Mama 这个单词，对已经掌握拼读的孩子来说，它不再由四个单独的字母组成，而由两个音节组成，这样孩子的阅读速度就会大大提高。你可以借助卡片盒来帮孩子练习一些常见的音节和短小的单词，如果孩子可以很好地把它们拼读出来，那么你就可以考虑让孩子读一些简单的文章了。

在阅读时，你可以帮孩子用音节划分单词，让孩子通过音节而不是字母来阅读。

测试 4：音形一致的书写

当孩子已经掌握了每个字母之后，就可以开始拼写单词了。在这一阶段要训练孩子基本的拼写能力，即孩子能够通过单词的读音把单词写下来。一定要注意，只能挑选那些可以按照读音来写的单词，也就是说，听到什么读音，就能把它写下来。这到底是什么意思呢？

德语中很多单词的正确拼写是依靠孩子已经掌握了某些拼写规则或已经记住单词时才能实现的。如果一个单词拼写错了，但听起来是对的，那就意味着这个单词的读音和词形并不匹配。

作为成年人，我们已经习惯了特定读音之下的特定字形，所以我们认为，一个读音对应着唯一的字形。这构成了一定的风险，即我们会产生一种错觉，认为当人们听到某个单词的读音时，就可以把它的字形正确地写出来，但实际上它只是因为我们已经记住了这个单词或者掌握了拼写规则。在这种错觉的影响下，我们经常在孩子学习拼写的过程中不断地批评他们，或者要求他们"好好听着"或"听得再仔细一点儿"。

因此，在和孩子练习时请注意以下两点：

这段时间只让孩子拼写读音与字形相同的单词。
不要和孩子争论是否可以听出读音的某些细节。

对其他能力的训练

前面提到的测试以及相应的练习和资料都会帮助孩子提高阅读和拼写的基本技能,这也使得他们在以下三个方面取得进步:

阅读速度。
单词拼写。
阅读理解。

学校布置的作业可以帮助你找出孩子学习中最大的问题。如果孩子在哪一方面比较吃力,那么你可以通过下列练习来帮助他。

提高阅读速度

阅读速度太慢会导致很大的问题。如果孩子可以阅读,但阅读速度特别慢,那么他就不会发现书中的有趣之处,也不愿意利用空闲时间来阅读。阅读速度的快慢取决于我们采用哪种阅读方法，以及我们是否能正确地使用这一方法。这里介绍两种不同的阅读方法：一种是当我们碰到不认识或不常见的单词（例如 drainglufindar）时，可以按字母或者音节来读这个单词。当然，这会降低阅读速度。另一种是面对常见的单词时，我们可以快速浏览。因为这些单词属于我们的视觉词汇（通过视觉就可以辨别出的单词），所以可以提高阅读速度。

随着时间的推移，孩子一眼可以认出越来越多的单词。但需要多长时间才能获得这个能力，每个孩子是不同的，这除了和天赋有关，还取决于孩子在空闲时间的阅读量。如果孩子的阅读速度很慢，而且经常一个字母一个字母来读单词，那么你可以帮助他增加他的视觉词汇量。

你可以在卡片上写下一些基本词汇，也可以使用学校的阅读素材，从里面找到一些常用的单词。

如果你对自己写单词不感兴趣，那么我建议你买一个关于基本词汇的卡片盒，最好包括 1~4 年级的基本词汇。

你可以取出三张或四张卡片，让孩子来读上面的单词。渐渐地，你可以将卡片来回翻转，利用更短的时间来展示单词。要让孩子持续练习这些单词，直到他可以在一秒钟之内就认出它们。你也可以用类似我们在学习十以内的加法时所采用的方法，这样孩子就可以不知不觉地将单词作为一个整体来阅读。

要扩大视觉词汇的数量，孩子需要在较短的时间内反复阅读相同的单词。除了借助学习卡片，你还可以采取其他的练习方式。对于有些孩子来说，通过反复阅读一篇文章从而达到流利朗读的效果是一件很有趣的事情。其实孩子不会像你想象中那样很快就感到厌倦。（你的孩子是不是总是喜欢反复听一个故事，或者把自己喜欢的电影看上很多遍？）

需要注意的是，即使孩子可以把一篇短文背下来，父母也要引导他进行阅读。同时使用阅读的辅助工具也是非常有效的，比如一个带有缺口的卡片，用它来盖住文章的其余部分帮助孩子阅读，或者使用一支笔来引导孩子进行阅读。

改善单词拼写

所以很多父母不清楚，该如何帮助孩子提高单词拼写能力。大多数时候，他们总是依靠听写来进行练习。然而听写单词并不是一个提高拼写能力的训练方法，它只适合用来检验孩子的学习水平。所以我并不赞成父母成年累月地给孩子听写单词，因为它并没有什么明显的效果。

如果孩子已经学会了字母的读音，那他可以借此正确地写下许多单词。在德语中，有超过70%的单词是可以通过这种方式拼写出来的，而其余的单词则有所不同。其中，一类单词可以借助学习和练习拼写规则来记忆，另一类则需要记住这个单词来减少拼写错误。我们先来看看借助拼写规则来练习的单词拼写。

拼写错误的分析

大多数时候，单词拼写之所以会出现错误，是因为人们对拼写规则不了解或者缺乏相应的练习。

一位妈妈在我这里咨询时，把老师批改过的作文、听写以及她自己给孩子做的听写都带了过来。我们评估了孩子的219处拼写错误，发现219处错误中的89处属于"大小写规则"的错误，占错误总数的40%。所以大多数孩子的拼写错误是因为他们对拼写规则不了解或缺少足够的练习，而由其他拼写规则所引发的错误是可以忽略不计的。虽然这个孩子出现了许多拼写错误，但我们仔细分析后发现，这些错误只集中在几个类别中，只要我们借助系统的练习就可以帮助孩子改正这些错误。

当许多错误归结成几个错误类别时，孩子会大受鼓舞。父母也不会再感到迷茫和无助，因为只要对个别拼写规则进行有针对性的训练就可以防止孩子出现大量的错误。

对孩子拼写错误的分析虽然要花费大量的精力，却是非常值得的，你可以采取以下步骤：

首先，借助课本及练习册，了解孩子在学校已经学过了哪些拼写规则。

其次，把老师在孩子的作文和听写中所改过的拼写错误收集起来。如果这些错误不是很多，可以给孩子做一些听写。听写的最终目的不是练习，而是找到孩子拼写错误的根源。

最后，把这些错误归类到错误类别表中。每行填写一类拼写错误，这样你很快就能发现，孩子拼写错误的分布是不均匀的。

正确地运用拼写规则

当你分析了孩子的拼写错误之后就可以知道，哪个拼写规则是需要孩子首先练习的。同时，在练习的过程中，你要不断地检查孩子对这个规则的掌握程度。具体情况可以分为以下几个等级：

等级1：孩子根本不了解拼写规则

你需要向孩子解释这个拼写规则。但要注意，你应采取和老师相同的方式来解释，否则出现问题是无法避免的。你可以和孩子一起画一张关于拼写规则的海报，并把它挂在孩子的房间里。每次练习前，都和孩子一起复习一下海报。

等级2：孩子了解拼写规则，但不能熟练地运用

你可以通过很多例子来告诉孩子这个拼写规则该如何使用，并不断地询问他关于拼写规则的具体内容。

等级3：孩子可以运用拼写规则，但在听写和写作中还是会出现很多错误

处于这个阶段的孩子能自己发现拼写中的问题。如果他有意识地关注了拼写规则，那么他就可以正确运用这些规则。但是，如果他要在一篇作文中同时注意多个拼写规则以及写作内容，或者在听写时感受到了时间的限制和压力，那么拼写错误就可能会再次出现。这说明了，孩子还不能熟练地运用拼写规则，并把它们转变成一种下意识的行为，所以他还需要更多的练习。你需要让孩子不断地练习，直到你觉得他已经可以熟练地运用这些规则了。具体情况可以通过以下两个方面来判断：

孩子可以很快运用拼写规则。

孩子可以毫不费力地正确使用拼写规则。

等级 4：孩子能又快又准确地使用拼写规则

太棒了！此时，你只需要时不时地注意一下最近孩子的拼写错误是不是变多了。如果是，那你需要及时帮助孩子反复练习。

在哪里可以找到合适的练习材料呢？你可以借助孩子的练习册，从中了解一下孩子学过的拼写规则以及配套的练习题。你也可以从孩子的老师那里要一些额外的练习材料，还有一些专业的、成体系的练习题。

学会独自拼写

某些单词的拼写并不是遵循拼写规则的——它需要人们直接记下来，而其他单词则需要借助规则来拼写。这两种情况都可以用卡片盒来帮助记忆，在书写单词时你可以突出其中有困难的地方（用其他颜色的笔或下划线划出来）。

下面的方法是非常有效的。

卡特琳拼错了 Aussehen（外观）这个单词——她只写了一个 s，那么接下来：

1. 她按照音节把这个单词拆分了，并朗读了这个单词。这样，第二个 s 就被清楚地听到了：Aus-se-hen。

她在想，如何才能记住这个单词的写法。卡特琳发现，第一个 s 来自前缀 aus，第二个 s 来自动词 sehen。
2. 她标记了这个容易出现问题的地方。
3. 她把这个单词写在一张卡片上，然后又在卡片的背面把这个单词写了一遍。
4. 她把卡片翻过来，检查一下自己是否写对了。
5. 她把这个单词放到卡片盒里，以便接下来几天可以反复练习。

如果你和孩子要为学校的听写测试做准备，那么可以采用上述的方式，即和孩子一起讨论他的拼写错误，并让他写出单词的正确形式。当你认为孩子在第二次听写中不会犯同样的错误时，就不需要再给孩子听写一次了。如果你不对孩子的拼写错误进行分析，或者不针对他的拼写问题进行刻意练习，那么听写的次数再多也是毫无裨益的。如果你给孩子听写了很多遍，但他总是犯相同的错误，那么很有可能是因为他只记住了错误的写法。

提高理解能力

有些孩子虽然可以很流利地阅读文章，但并不能很好地理解所读的内容。想要提高孩子的理解能力，你可以采用以下两种方式：

增加孩子的词汇量。
将孩子的注意力转移到文章的内容上。

科学研究一再表明，词汇量很大的孩子可以更好地理解文章的意思（当然，前提是他们可以快速和流利地阅读）。事实证明，孩子经常听父母讲故事也可以帮助他们提高对文章的理解能力。

作为父母，你可以通过和孩子聊天，给他读书，或者和他一起阅读来扩充孩子的词汇量。但要记住，你不是让孩子去适应书里的词汇量，而是根据孩子的词汇量来选择适合他的书。当你和孩子一起阅读或者你给他朗读一本适合他年龄的书，遇到他不认识的单词时，你要给他解释这个单词，而不是换用另一个简单的词。如果孩子已经到了上学的年纪，那么你可以帮助他建立对这个单词的认识。你让他把这个新的单词写到卡片上，给他解释这个词，时不时和他一起复习或者在你们的对话中引入这个词。

你可以通过和孩子一起讨论，把他的注意力转移到文章的内容上，从而促进他对文章的理解。以下方法被证明是有效的（参见 Lauth, Grünke & Brunstein，2003）。

预测：你可以和孩子一起思考这个故事将会如何发展。通过这种方法，孩子可以了解一个典型故事的基本架构是怎样的。例如，许多故事的架构都是一个或几个人遇到一个问题，通过采取一些方法解决了这个问题，并最终实现了目标。

— 你觉得它会怎样发展？
— 你认为接下来会发生什么？
— 你觉得故事的结局是什么？

提问：你可以不停地针对文章内容向孩子提问。

— 你觉得谁是坏人？为什么？

— 这个故事想表达什么？

— 如果是你，你会怎么做？

— 这个故事中你最喜欢谁？

— 你喜欢这个故事吗？

总结：你可以让孩子时不时地总结一下故事的内容。

— 到目前为止发生了什么？

— 你知道 / 了解这个角色吗？

— 你能用自己的话把这个故事再讲一遍吗？

你也可以在给孩子读故事时提出上述问题。

读书

父母应该引导孩子读一些有意义的文章。在这个过程中，你要让他感觉到阅读是令人充实的，是一种令人愉悦的休闲方式。下面我将向你介绍一些方法，帮助你给孩子营造一种良好的读书氛围，也可以鼓励孩子把阅读当作一种休闲方式。

设立阅读角

如果你和孩子一起阅读，那么你们可以举行一个小小的仪式。你可以和孩子一起布置一个舒适的阅读角，并在读书时点上特殊的阅读蜡烛。

一起阅读

你可以和孩子轮流阅读。当孩子在阅读方面还比较吃力，阅读速度很慢，而且也并不能完全理解所读的内容时，采用这种方法是非常必要的。特别是在开始的时候，你可以把孩子已经读过的内容再读一遍，这样他就可以在你读的时候关注到文章的内容。

一些父母通过给孩子设置每次阅读的行数来完成这个练习（"你先读前五行，然后我给你读一整页"），另一些父母则让孩子来决定，何时由父母来给他朗读（"如果你觉得累了就告诉我，我会接着你的读，直到你又想自己读了"）。

恰当地纠正错误

在阅读时纠正孩子的错误也是非常重要的。但为了不打击孩子的阅读积极性，并帮助他尽可能地获得这方面的进步，你要注意以下几点：

不要经常纠错。如果孩子在阅读时犯了很多错误，你可以选择忽略一些小错，因为阅读的积极性远比正确的阅读重要。

不要简单地告诉孩子答案，而是要给他机会让他自己来纠错。当孩子读错时，你可以让他暂停一下，把手放在他的胳膊上或者给他一些指示，比如："你能再读一遍这个单词吗？"此时孩子就会告诉你，他对那个单词不太熟悉。

较长的单词或者新单词会给孩子带来阅读障碍。你可以用卡片或者纸张把这篇文章盖住，然后把单词的音节一个个地展示出来。

如果孩子在五秒钟之内没有把这个复杂的单词读出来，那么只要他愿意，你可以为他读出来。

睡前阅读

几乎所有的孩子都希望晚上可以晚睡一会儿，你可以利用孩子的这个特点来督促他阅读。你可以建议孩子在入睡前——如果他愿意，再读上 15 分钟。当然，这个时候最好让他读一些有意思的，适合他年龄的书或者漫画。

你可以给孩子读或者让他自己读，从而提高孩子的阅读兴趣。你要坚持在规定的时间内停止阅读，同时不要让孩子觉得停止阅读是一种惩罚。比如，你可以把阅读时间设置为 10 分钟，如果孩子愿意自己继续读，那你也可以将时间调整为 15 分钟。不要给孩子施加压力，要利用孩子的好奇心和有趣的故事来调动他的阅读积极性。

此外，还要注意两点：

如果这本书太难了，或者孩子不能理解书中的内容，那么他自然就不想读了。所以在刚开始阅读时，最好选一些带有图片的书或者漫画书。

如果孩子的房间里有电视、视频播放器或游戏机，那么他对读书是不会产生兴趣的。此类电子设备不应该出现在孩子的房间里，而应该放在客厅，即使这样会麻烦一些，也应该把这些设备从孩子的房间里拿出来。当孩子晚上面对的是睡觉或者读书，而不是在睡觉、读书或者游戏中做选择时,孩子会很快发现,相比于睡觉,读书是一个更好的休闲方式。

把书送给孩子

当我还是个孩子的时候,我和哥哥总想用零花钱去买电脑游戏和其他玩具,但图书和漫画书总是我们最终得到的礼物。我们一般会在报刊亭那里问:"有漫画书吗?"然后就在其中随意地挑选。我不想把自己童年的经历作为一个建议分享给大家,但从我的经验来看,很方便就能获得图书的确鼓励了我和哥哥去阅读。如果当时我们必须在电脑游戏和图书之中做出选择,那么游戏肯定是永远的赢家。而且如果我们每次必须去图书馆才能看到书,那么我们的阅读量也会减少很多。

问题是,孩子怎么样才能获得他们真正感兴趣的书呢?实际上,一些由父母人为设置的障碍降低了孩子的阅读积极性("我不想让孩子看漫画书,而是读真正的书""如果我的孩子请求我,而我又恰好有时间,那我会和他一起去书店")。图书应该是父母送给孩子的礼物,父母要在孩子的床头柜上摆放有趣的故事书,在厕所里放置漫画书和笑话书,要经常带孩子光顾书店。如果想培养孩子的阅读能力,就应该让书把孩子包围起来。

不要强迫孩子读完他不喜欢的书,即便这本书当初是他自己选的。图书和阅读应该给他带来乐趣,而不是对耐力的考验。

作者寄语

对于有些孩子来说，一切是那么容易。他们可以克服每一个障碍，饶有兴趣地主动阅读和书写，轻松地解决算术问题，这些孩子的父母只需要观察他们的成长，并对他们的上述行为表示欣喜就可以了。但令人遗憾的是，并不是所有孩子都这样，很多孩子在学习上非常吃力，他们是需要帮助和支持的。

当我回顾自己的学生时代时，我发现自己也碰到过一些困难。因为我当时喜欢幻想，所以在幼儿园里多待了一年，但尽管如此，我在小学一年级也遇到了一些问题。在那一年中我极其排斥阅读，并且认为自己永远也学不会阅读。妈妈安慰我说："法比安，这里只有26个字母，而且你已经都学过了。"但我总是说："不！大小写字母一共有52个，我已经认真地数过了，我是永远也学不会的！"

最终我还是学会了这些字母。当我遇到困难时，我的父母和一年级的老师给予了我极大的支持、耐心和鼓励，他们还在二年级时给我安排了定期的阅读练习，当然，有的时候我并不是很乐意接受。在三年级开始时，我读了第一本漫画书。从那以后，"不让我读书"反而成了我最大的问题："法比安，该关灯了，明天早上你必须七点起床。"

人们总是听到很多成年人讲他们悲惨的校园生活，可能很少有人会拥有丰富多彩的、美好的校园故事。但非常幸运的是，我在整个上学期间总是遇到优秀的老师，他们鼓励我，以赞赏和尊重的态度对待我。当然，他们非常喜欢自己的职业。

我的父母也教育我，要依靠耐心和点滴的进步来克服所有的困难。

感谢所有人对我充满爱的支持和鼓励，也感谢那个美好的学生时代。当我回顾那段时期时，我可以说那是一段美好的时光，除了必须要早起之外。

我希望这本书能够帮助到更多的还在上学的孩子，使他们在多年后回想起自己的学生时代时，也能发出像我一样的感叹。

参考文献

Aunola, K., Stattin, H. & Nurmi, J. E. (2000). Parenting styles and adolescents achievement strategies. *Journal of Adolescence, 23*, 205–222.

Baumrind, D. (1968). Authoritarian vs. authoritative parental control. *Adolescence, 3(11), 255–272.*

Betz, D. & Breuninger, H. (1998). Teufelskreis Lernstörungen: Theoretische Grundlegung und Standardprogramm. Weinheim: Beltz.

Born, A. & Oehler, C. (2007). Lernen mit ADS-Kindern-ein Praxishandbuch für Eltern, Lehrer und Therapeuten. Stuttgart: Kohlhammer.

Born, A. & Oehler, C. (2008). Kinder mit Rechenschwäche erfolgreich fördern: Ein Praxishandbuch für Eltern, Lehrer und Therapeuten. Stuttgart: Kohlhammer.

Born, A. & Oehler, C. (2009). Lernen mit Grundschulkindern: Praktische Hilfen und erfolgreiche Fördermethoden für Eltern und Lehrer. Stuttgart: Kohlhammer.

Bornstein, M. H. & Zlotnik, D. (2007). Effects of parenting styles. In M. M. Haith & J. Benson (Eds.), *Encyclopedia of Infant and Early Childhood Development* (pp. 497–509). Oxford: Elsevier.

Breitenbach, E. & Weiland, K. (2010). *Förderung bei Lese-Rechtschreibschwäche*. Stuttgart: Kohlhammer.

Bus, A. G. & van Ijzendoorn, M. H. (1999). Phonological awareness and early reading: A meta-analysis of experimental training studies. *Journal of Educational Psychology, 91*, 403–414.

d'Ailly, H. (2003). Children's autonomy and perceived control in learning: A model of motivation and achievement in Taiwan. *Journal of Educational Psychology*, *95*, 84-96.

Darling, N. (1999). *Parenting style and its correlates*. Eric Digest. Champaign IL: ERIC Clearinghouse on Elementary and Early Childhood Education.

Dummer-Schmoch, L. & Hackethal, R. (2001). *Kieler Rechtschreibaufbau*. Kiel: Veris. Dweck, C. (2007). Selbstbild: Wie unser Denken Erfolg und Niederlage bewirkt. Frankfurt: Campus.

Einsiedler, W., Frank, A., Kirschhock, E.-M., Martschinke, S. & Treinies, G. (2002). Der Einfluss verschiedener Unterrichtsformen auf die phonologische Bewusstheit sowie auf Lese-Rechtschreibleistungen im ersten Schuljahr. *Psychologie in Erziehung und Unterricht, 49*, 194-209.

Epstein, S. (1990). Cognitive-experiental self-theory. In L. A. Pervin (Ed.), *Handboock of personality: Theory and research*.(pp. 165– 192). New York: Guilford.

Fuhrer, U. (Hrsg.). (2009). *Lehrbuch Erziehungspsychologie* (2. *Aufl.*). Bern: Hans Huber.

Fuligni, A. J., Yip, T. & Tseng, V. (2002). The impact of family obligation on the daily activities and psychological well-being of Chinese American adolescents. *Child Development, 73*, 302–314.

Ganser, B. (2001). Lese-Rechtschreib-Schwierigkeiten: Diagnose-Förderung-Materialien. Donauwörth: Auer.

Gaschke, S. (2002). *Hexen, Hobbits und Piraten: Die besten Bücher für*

*Kinder.*Stuttgart: Deutsche Verlags-Anstalt.

Gasteiger-Klicpera, B., Klicpera, C. & Schabmann, A. (2007). *Legasthenie: Modelle, Diagnose, Therapie und Förderung.* Stuttgart: Reinhardt Utb.

Ginsburg, G. S. & Bronstein, P. (1993). Family factors related to children's intrinsic/extrinsic motivational orientation and academic performance. Child Development, 64, 1461–1474.

Gonzalez, A., Greenwood, G. & Wenhsu, J. (2001). Undergraduate students' goal orientations and their relationship to perceived parenting styles. *College Student Journal*, 35, 182–192.

Grawe, K. (2004). *Neuropsychotherapie.* Göttingen: Hogrefe.

Grolimund, F. (2007). *Effektivdenken-effektiv lernen.* Lulu-Verlag.

Grolnick, W. S., Ryan, R. M. & Deci, E. L. (1991). Inner resources for school achievement: Motivational mediators of children's perceptions of their parents. *Journal of Educational Psychology, 83*, 508–517.

Gührs, L. (2008). Grundwortschatz Deutsch: Klasse 1. (2./3./4.). Sinnverstehendlesen und rechtschreiben. Buxtehude: Aol.

Gurland, S. T. & Grolnick, W. S. (2005). Perceived threat, parental control, and children's achievement orientations. *Motivation and Emotion, 29*, 103–121.

Heckhausen, H. (1972). Die Interaktion der Sozialisations-variablen in der Genese des Leistungs-motivs. In C. F. Graumann (Hrsg.), *Handbuch der Psychologie* (Vol. 7/2, S.955–1019). Göttingen: Hogrefe.

Heckhausen, H. (1975).Fear of failure as a self-reinforcing motive system. In I. G. Sarason & Spielberger (Eds.), *Stress and Anxiety* (Vol. II, pp. 117–128). Washington, DC: Hemisphere.

Heckhausen, H. (1978). Selbstbewertung nach erwartungswidrigem Leistungsverlauf: Einfluss von Motiv, Kausalattribution und

Zielsetzung. *Zeitschrift für Entwicklungspsychologie und Pädagogische Psycho-logie, 10,* 191–216.

Heckhausen, H. (1989). *Motivation und Handeln.*Berlin: Springer.

Heider, F. (1958). The psychology of interpersonal relations. New York: Wiley.

Hokoda, A. & Fincham, F. D. (1995). Origins of children's helpless and mastery achievement patterns in the family. *Journal of Educational Psychology, 87,* 376-385.

Jansen, F. & Streit, U. (2006). *Positiv lernen.* Heidelberg: Springer.

Jansen, F. & Streit, U. (2007). Lesen und Rechtschreiben lernen nach dem IntraActPlusKonzept. Heidelberg: Springer.

Jodl, K. M., Michael, A., Malanchuk, O., Eccles, J. S. & Sameroff, A. (2001). Parents' roles in shaping early adolescents' occupational aspirations. *Child Development, 72,* 1247–1265.

Joussemet, M., Koestner, R., Lekes, N. & Landry, R. (2005). A longitudinal study of the relationship of maternal autonomy support to children's adjustment and achievement in school. *Journal of Personality,* 73, 1215–1235.

Kindler, H. (2006a). Was ist über die Folgen von Vernachlässigung bei Kindern bekannt? In Kindler, Lillig, Blüml, Meysen und Werner (Hrsg.), *Handbuch Kindeswohlgefährdung nach § 1666 und Allgemeiner Sozialer Dienst (ASD).* München: Verlag Deutsches Jugendinstitut.

Klicpera C. & Gasteiger-Klicpera, B. (1998). Psychologie der Lese- und Rechtschreibschwierigkeiten. Entwicklung, Ursachen, Förderung. Weinheim: Beltz.

Klicpera, C., Schabmann, A. & Gasteiger-Klicpera, B. (2007). *Legasthenie. Modelle, Diagnose, Therapie und Förderung.* München: Ernst Reinhardt.

Krampen, G. (1987). Differential effects of teacher comments. *Journal of Educational Psychology, 79*, 137–146.

Küspert, P. & Schneider, W. (2006). *Hören, lauschen, lernen -Sprachspiele für Kinder im Vorschulalter.* Göttingen: Vandenhoeck & Ruprecht.

Küspert, P. & Schneider, W. (2007). *Hören, lauschen, lernen- vorgespielt.* Göttingen: Vandenhoeck & Ruprecht.

Lamborn, S. D., Mounts, N. S., Steinberg, L. & Dornbusch, S. M. (1991). Patterns of competence and adjustment among adolescents from authoritative, authoritarian, indulgent, and neglectful families. *Child Development, 62*, 1049–1065.

Landerl, K. & Kaufmann, L. (2008). *Dyskalkulie: Modelle, Diagnostik, Intervention.* Stuttgart: Reinhardt Utb.

Largo, R. H. & Beglinger, M. (2010). Schülerjahre: Wie Kinder besser lernen. München: Piper Taschenbuch.

Lauth G. W., Grünke, M. & Brunstein, J. C. (2003). Interventionen bei Lernstörungen: Förderung, Training und Therapie in der Praxis. Göttingen: Hogrefe.

Leemann-Ambroz, K. (2006). Rechtschreibkompetenz: Aneignungsstrategien auf der Basis des morphematischen Prinzips. Bern: Haupt.

Liebenwein, S. (2008). Erziehung und soziale Milieus. Elterliche Erziehungsstile in milieuspezifischer Differenzierung. Wiesbaden: Verlag für Sozialwissenschaften.

Lüdtke, P. & Köller, O. (2002). Individuelle Bezugsnorm-orientierung und soziale Vergleiche im Mathematikunterricht: Der Einflussunterschiedlicher Referenzrahmen auf das fachspezifische Selbstkonzept der Begabung. *Zeitschrift für Entwicklungspsychologie und Pädagogische Psychologie, 34*, 156–166.

Mahlstedt, D. (1999). LernkisteLesen und Schreiben: Fibelunabhängige Materialien zum Lesen- und Schreibenlernen für Kinder mit

Lernschwächen. Weinheim: Beltz. Meyer, W. U. (1973). Leistungsmotiv und Ursachenerklärung von Erfolg und Misserfolg. Stuttgart: Klett. Pomerantz, E. M., Grolnick, W. S. & Price, C. E. (2005). The role of parents in how children approach school: A dynamic process perspective. In A. J. Elliot & C. S. Dweck (Hrsg.), *The handbook of competence and motivation* (pp. 259–278). New York: Guilford.

Pomerantz, E. M., Wang, Q. & Ng, F. F. (2005). Mothers'affect in the homework context: The importance of staying positive. *Developmental Psychology, 41*, 414–427.

Pomerantz, E. M., Ng, F. & Wang, Q. (2006). Mothers'mastery-oriented involvement in children's homework: Implications for the well-being of children with negative perceptions of competence. *Journal of Educational Psychology, 98*, 99–111.

Pomerantz, E. M., Moorman, E. A. &Litwack, S. D. (2007). The How, Whom, and Why of Parents' Involvement in Children's Academic Lives: More Is Not Always Better. *Review of Educational Rearch, 77* (3), 373–410.

Reuter-Liehr, C. (2006). Lautgetreue Lese-Rechtschreib-Förderung (Band 3).Lerngruppe I: 40 exakte Stundenabläufe je 90 Minuten für die Förderung ab Mitte 3. Klasse. Bochum: Winkler.

Reuter-Liehr, C. (2006). Lautgetreue Lese-Rechtschreib-förderung: Die SpielSpirale. Bochum: Winkler.

Rheinberg, F. (2002). *Motivation*. Stuttgart: Kohlhammer.

Rheinberg, F. & Krug, S. (1999). *Motivationsförderung im Schulalltag* (2. Auflage). Göttingen: Hogrefe.

Ricken, G. & Fritz-Stratmann, A. (2008). Rechenschwäche. Stuttgart: Reinhardt Utb. Rumberger, R. W., Ghatak, R., Poulos, G., Ritter, P. L. &Dornbusch, S. M (1990). Family influences on dropout behavior in one california high school. *Sociology of Education, 63*, 283–299.

Schnabel, K. (1998). Prüfungsangst und Lernen: empirische An-alysen zum Einfluss fachspezifischer Leistungsängstlichkeit auf schulischen Lernfortschritt. Münster: Waxmann.

Schneewind, K. (2003). Freiheit in Grenzen. Begründung eines integrativen Medienkonzepts zur Stärkung elterlicher Erziehungskompetenzen. München: Department für Psychologie der LMU.

Schneewind, K. & Böhmer, B. (2009). Kinder im Grundschulalter kompetent erziehen. Der interaktive Elterncoach «Freiheit in Grenzen». Bern: Hans Huber.

Schneider, W. (2001). Training zur phonologischen Bewusstheit. In K. J. Klauer (Hrsg.), *Handbuch Kognitives Training* (2. Aufl.; S. 69–95). Göttingen: Hogrefe.

Schönweiss, P. (2006). *Lernserver Fördermappe 4: Dopplung.* Münster: Lernserver.

Schönweiss, P. (2006). *Lernserver Fördermappe 6: Dehnung.* Münster: Lernserver.

Schönweiss, P. (2006). Lernserver Fördermappe 7: Groß- und Kleinschreibung. Münster: Lernserver.

Schulte-Körne, G. (2004). Elternratgeber Legasthenie: Frühzeitig erkennen, optimal fördern, gezielt therapieren, liebevoll begleiten. München: Knaur.

Schulte-Körne, G. & Mathwig, F. (2009). *Das Marburger Rechtschreibtraining. Bochum: Winkler.*

Sennlaub, G. (2006). Von A bis Zett: Wörterbuch für Grund-schulkinder. Berlin: Cornelsen.

Simon, H. & Grünke, M. (2010). *Förderung bei Rechenschwäche.* Stuttgart: Kohlhammer.

Sommer-Stumpenhorst, N. (2006). Lese-und Rechtschreib-schwierigkeiten: Vorbeugen und überwinden. Berlin: Cornelsen.

Spera, C. (2005). A review of the relationship among parenting practices, parenting styles, and adolescent school achievement. *Educational Psychology Review, 17*, 125–146.

Spitzer, M. (2007). Lernen: Gehirnforschung und die Schule des Lebens. München: Spektrum.

Tacke, G. (2005). Flüssiglesen lernen 2/3. Elternband: Ein Leseprogramm für die Klasse 2 und 3 der Grundschule. Mit Hilfe der Eltern. Übungen, Spiele und eine spannende Geschichte. Stuttgart: Klett.

Tacke, G. (2011). Eltern helfen ihrem Kind. Das 10-Minuten-Rechtschreibtraining: Ein Programm zum Aufbau der Rechtschreibkompetenz ab Klasse 3 der Grundschule.... für das Lernen zu Hause. Grundkurs. Donauwörth: Auer.

Warnke, A., Hemminger, U., Roth E. & Schneck, S. (2002). Legasthenie. Leitfaden für die Praxis: Begriff, Erklärung, Diagnose, Behandlung, Begutachtung. Göttingen: Hogrefe.

Weber, J. (2003). Lese-Rechtschreibschwierigkeiten und Legasthenie. Verursachungsfaktoren und Fördermöglichkeiten. Hamburg: Kovac.

Weiner, B., Frieze, I. H., Kukla, A., Reed, L., Rest, S. & Rosenbaum, R. M. (1971). *Perceiving the causes of succes and failure*. New York: General Learning Press.